コピーライティング 100の法則

COPYWRITING RULES

売れる商品、
思わず買いたくなる商品を支える

山本琢磨 [監修]
TAKUMA YAMAMOTO

JN104848

日本能率協会マネジメントセンター

はじめに

―― コピーライティングの本質は
　　読み手を深く理解すること

　コピーライティングと聞いて、あなたはどんなイメージを思い浮かべますか？

　文章力や豊富な表現が必要そうだ、という印象を持つ方も多くいらっしゃるかもしれません。確かに文章を書くのがうまくなければ、いいコピーにはならないような気がするものです。
　しかしながら、実際には文章テクニックはさほど必要ではなく、もっとほかに意識するべきことがあります。

　コピーライティングというのは、文章によって読み手の心理に訴えかけ、こちらの希望する行動へと導くスキルです。読み手に行動を起こさせるには、文章力や表現よりも、読み手の心理やニーズを理解することが重要となるのです。
　どれだけ文章を書くのがうまくても、読み手が求めているものや行動のきっかけとなる一文が含まれていなければ、商品の購入やサービスの契約にはつながりません。

　本書では、実践的なライティング技術を紹介しつつ、コピーライティングの本質について、はじめての方でもわかりやすいように解説しています。また、文章それ自体だけでなく、効果的なレイアウトについての知識にも言及しているため、さまざまなパターンの記事作成に活用できるはずです。

さらに、内容を読んでもらうには、まず「つかみ」で読み手の興味・関心を惹きつけなければなりません。この「つかみ」となるのが、いわゆるキャッチコピーです。6章では、キャッチコピーの活用術を豊富に紹介しているので、作成したい記事にピッタリのものが見つかるでしょう。どんなキャッチコピーにするか迷ったら、ぜひ参考にしていただければと思います。

　そして、本書の心臓部と言えるのが7章と8章のマイクロコピーについてです。かつてコピーライティングと言えば、テレビや雑誌などの媒体が主戦場でした。デジタル技術が発展し続けている現在では、ネットショッピングやオンラインサービスといった、Web上のセールスがメインストリームになってきています。

　このWeb上で使われるマイクロコピーは、ちょっとした変化によって大きな成果につながることも珍しくありません。文字の配置を入れ替えるだけで、たった一文を挿入するだけで、驚くほどの売上アップを達成できるのです。

　そこまで費用をかけず、最速で売上アップを目指せるマイクロコピーの活用法は、これからの時代、ビジネスで非常に重宝される代物と言えます。

　また、冒頭でもお話ししたように、コピーライティングには読み手の心理やニーズを理解することが不可欠です。最終章となる9章で取り上げている心理学の例では、その部分を深く掘り下げています。読み手の心はどういうふうに動き、行動へと踏み出すのか。それを知っていれば、より読み手を惹きつけるコピーをつくることが可能です。

時を経るごとに、コピーライティングはどんどん新しくなっています。本書をお読みいただくことで、今の時代に合った、新しい知識や活用技術を知っていただけるでしょう。そして理解を深めていけば、いいコピーをつくるための力が身につくはずです。

　本書が少しでもみなさまのコピーライティングの手助けとなることを切に願います。

2024年 初夏の頃
山本琢磨

第2章 必ず押さえておきたいライティング技術

第3章 読まれるセールスライティング技術

第9章 覚えておきたい広告心理学

第1章

コピーライティング
の基礎知識

言葉を用いて人々の心や体を動かすコピーライティングの技
術。誰もが知っている名コピーを生み出すためには、しっかり
と基礎から学んでいくことが大切です。

言葉で読み手の行動を 変化させるスキル

コピーライティングとは、文章によって読み手の心理に訴えかけ、こちらの希望する行動へと導くスキルのこと。**言葉で読み手に共感や期待感などの影響を与え、商品やサービスの認知度アップといった気持ちや行動の変化を促すテクニックです。**

調査・分析して商品の特徴をチェック

コピーライティングを行う際、最初にユーザーの悩みや困りごと、欲求を調査・分析し、市場のニーズをとらえ、商品・サービスの訴求点をチェックします。そして、スペックなどのわかりやすい長所ではなく、商品を入手するとどんな状態に変化することができるのかを中心に考察。これらを把握することで、ユーザーの困りごとを商品やサービスによって解決できるという入手後のサクセスストーリーを伝えられます。ユーザーにとって役立つことを伝えれば、潜在的なニーズを持つ層にも訴求可能です。

コピーを書くときの着眼点

実際にコピーを書くときは、「訴求・効果」「価格」「期間・時間」「実績」「データ」「専門性」「具体例」「権威」「限定・緊急性」「好

奇心で気持ちを駆り立てる」など、さまざまな着眼点を持つことが欠かせません。

　具体例を挙げると、訴求・効果の場合は「○○で悩んでいたのが嘘のよう」といった悩みを解決するコピーに。価格の場合は、「充実の内容が○円でゲットできる！」「3点以上買うと1点は10%オフ」などと、ユーザーの得したい気持ちに訴えかけます。

　また、これらのテクニックをより有効なものにするには、前述の「ユーザーの調査・分析」を念頭に置いて、具体的な解決策を提示することが不可欠です。同時に、**コピーライティングによる効果を最大限に引き上げるために、アンケートやモニターテストなどの実施も効果的でしょう。**ユーザーの反応を確認しないままでは、どんな結果になるか予想できないからです。

テストの内容

　複数の違う広告を用いて、ターゲット層にオンラインでの調査を行います。注意点としては、クリエイティブ以外は広告の条件を同じにすること。ターゲット層からの反応がよい、効果的なサンプルを特定し、それをもとに必要な改善を行って、内容をブラッシュアップしていきます。

　Web広告の場合、調査・分析も即時に可能なため、検証しやすいでしょう。また、PDCAの回路を活用することで、広告の精度をより向上させることも可能です。

> **ポイント**
>
> ユーザーの悩みを調査・分析し、市場のニーズをとらえて商品・サービスの訴求点を知ることがコピーライティングの第一歩。

お金を払うのは商品ではなくベネフィット

徹底的に顧客目線の
ベネフィットを提案する

あくまでユーザー視点のベネフィットが大切

　商品・サービスの購入によって、どのような利益・プラスの効果・恩恵（＝ベネフィット）を得られるのか、それを言葉でユーザーにアピールすることがコピーライティングには求められます。たとえば、前項で「この商品を使えば、ユーザーの悩みが解決できる」と納得してもらうことが重要だと述べました。これも悩みの解決によって自己の理想形に近づくことを提案する、ベネフィットの一例と言えます。

　このように、ユーザーは単に商品やサービス自体にお金を払うのではなく、対価に見合うと自分自身が納得したベネフィットに課金するのです。そのため、**ユーザー側の視点に立って「こんな恩恵が受けられる」と提案することが大事になります。売り手中心の視点では、ユーザーを納得させられる提案はできません。**

　また、ベネフィットの提案は具体的な内容であるほうが効果を期待できます。商品の購入によってユーザー自身が得られるプラスの効果をイメージしやすくなるとともに、潜在的ユーザーの購買意欲がアップする可能性も高まるからです。

メリットとベネフィットを分けて考える

　ところで、ベネフィットと似た意味を持つ言葉にメリット（長所）があります。両者の違いを理解することが、売れるコピーを書くために必要です。例として、掃除ロボットの特徴、メリット、ベネフィットについて見てみましょう。

商品の特徴：ごみの吸い取り・充電・ごみ捨てを自動で行う
メリット：掃除を手動でしなくて済む
ベネフィット：留守中などに掃除が完了するので時間を節約
**　　　　　　　できる分、自由に使える時間が増える**

　「お掃除をしなくていいので、らくらく！」といったコピーでは、メリットを述べているにすぎず、ベネフィットまで到達していません。手動での掃除が不要だというメリットを踏まえて、**ユーザーが得られる恩恵と、その結果どのようなよい状態になるのかを提示することが必要です**。この場合なら「掃除時間を節約した分、家族時間が充実する」「こまめに掃除できるので、清潔で快適な生活が手に入る」など、掃除ロボットの購入でもたらされる素敵な生活や楽しく過ごせる時間を想像させます。

　ちなみに、医薬品や医療機器といった法によって規制のある商品・サービスだと、ベネフィットを直接的な表現で提案できない場合が多くあるので、留意しておきましょう。

ポイント ---

商品の購入によって、どのようなベネフィットが入手できるのか、ユーザーに効果的なアピールをすることが必要。

コピーの完成度に大きく影響する4つの構成要素

基本の構成を押さえる

コピーライティングは、どんな商品・サービスの内容であっても、基本的に以下の4つの要素で成り立っています。

---

① キャッチコピー　　② ボディコピー
③ クロージングコピー　④ 追伸

これらはどれもが必要不可欠です。「なんだ、当然のことを言っているな」と感じた方もいるかもしれません。しかし、こういった基礎的なことを常に意識し、内容を吟味して書くことが重要になります。

特に商品・サービスの購入を促すセールスレターの場合、コピーライティングの出来不出来で売上がぐんと変わってきます。**基礎的な4つの要素を盛り込み、型を押さえた的確な文章を書けば、ヒット商品を生み出すことも夢ではありません。**

ところで、実際のセールスレターやサイトを見て、「これは言いすぎでは？」などと実際の商品・サービスとは異なるイメージ

を抱いたことはないでしょうか。

そのような誇大な表現はうさんくさい印象を与えてしまうため、顧客からの信頼を失うばかりか、下手をすると炎上案件になる可能性があります。

コピーライティングは誠実であることが第一。4つの構成要素を押さえつつ、商品の強みを忠実にありのまま訴えていきましょう。

4つの構成要素それぞれに役割がある

4つの構成要素にちて、主な目的を端的にまとめると以下になります。

> **キャッチコピー：興味を持たせて、次のアクションを促す**
> **ボディコピー：具体例や解決策を提示し、信頼や安心を醸成**
> **クロージングコピー：納得感を高めて決断できるように説得**
> **追伸：内容のまとめと必要事項の提示でラストに念押し**

4つそれぞれに役割があり、全体の構成を考えて書き進めることが不可欠と覚えておいてください。しっかりと骨組みを考えないコピーライティングは内容以前の問題です。チグハグなセールスレターでは、最後まで読ませる構成になっているとは言えません。書き手がいくら確かな文章力や発想力を持っていたとしても、読んでもらえなければ購入までの行動変容にはつながらず、マーケティングに結びつかないのです。

ポイント --

コピーライティングにおける構成要素は、キャッチコピー、ボディコピー、クロージングコピー、追伸の4つ。

キャッチコピーは行動への足がかり

読み手の心をつかんで
コンテンツへ誘導する

短いフレーズで心を揺さぶる影響力を持つ

　誰もが知っているキャッチコピーの多くは、ワンフレーズなのに、聞いただけで会社名やブランド名といったものをイメージすることができます。たとえば、キャッチコピーの元祖として知られる「土用の丑の日」。江戸時代に平賀源内が考案したもので、現在でも夏の風物詩となっています。

　では、現代の例もいくつか挙げてみましょう。

有名なキャッチコピーの例

カラダにピース。（カルピス）

乾杯をもっとおいしく。（サッポロビール）

すぐおいしい、すごくおいしい（日清チキンラーメン）

インテル入ってる（インテル）

ピッカピカの一年生（小学館・小学一年生）

　このようなキャッチコピーは、テレビやラジオのCM、Web広告などでもおなじみで、どれもが世の中に浸透しています。**キャッ**

チコピーは商品を売り込むための表現というだけではなく、企業が顧客に印象づけたいブランドや商品のイメージを定着させ、信頼感や愛着を育む重要な役目を持っています。

パッと見て理解できるような簡潔なコピーに

　前項で、キャッチコピーの目的は、興味を持たせて次のアクションを促すことだと解説しました。キャッチコピーはたとえるならリアルショップの入口にあたるものなので、「店内へ入りたい」と思わせる内容であることが大切です。

　そのため、顧客が興味を抱くような内容にして、ボディコピーなどの続きを見てもらうという、次のアクションへの足がかりになることが必要だといえるでしょう。

　情報過多と言われて久しい現代、タイムパフォーマンス（時間対効果）を重視する人が増加しています。それと同時に、広告は顧客の時間を削ってしまうこともあり、たいていの場合スルーされてしまいがちです。

　それが一般的な状況のため、ボディコピーまで読んでもらうには、**キャッチコピーで顧客の心を揺さぶり、本体であるコンテンツのほうへと誘導することが求められます。**

　ここで、キャッチコピーをつくる際に心がけたい点は、短いフレーズの中に伝えたいメッセージを凝縮して表現すること。簡潔な言い回しなら、パッと見ただけで理解しやすく、顧客の印象にも残りやすいのです。

ポイント

キャッチコピーの役目は、読み手に興味や関心を持たせてボディコピーなど、コンテンツの続きを見てもらうこと。

最大の価値が伝わるように ターゲットに合った表現を

キャッチコピーを考える際、押さえておくべきポイントを解説していきます。しっかり確認して、適切な内容にしましょう。

POINT 1　ターゲットを明確にする

キャッチコピーの効果を引き上げるには、狭く深くターゲットを絞り込むことが重要になります。広く一般に受ける表現では、潜在的な顧客に届かないばかりか、買ってくれそうな顧客の心も動かせません。

一般受けを狙うとどうしても内容が薄くなってしまうので、誰も共感できず、効果も出にくいという結果に終わりがちです。買う気満々の顧客をターゲットにすえて、同業他社に先んじるキャッチコピーを目指しましょう。

POINT 2　最重要ベネフィットを伝える

顧客は商品そのものではなく、購入によって得られる価値（ベネフィット）にお金を払うので、その価値を効果的に伝えなければなりません。ベネフィットがいくつもあるなら、一番価値が高い内容をキャッチコピーに落とし込みます。

さらに、ベネフィットを伝えるだけに留まらず、**悩みや不安を払拭する解決策が示されていれば、読み手は心をわしづかみにされ、ボディコピーにも目を通そうという気になります**。簡潔でわかりやすい表現を使い、ベネフィットによって得られる理想の未来像が想像できるかという点もチェックしてください。

POINT 3　商魂が見え見えではNG

どんなによい商品やサービスでも、売ろうとする気持ちを前面に出しすぎると、顧客の購買欲が失せてしまいます。広告やセールスレターなどでも同様、最初から商品名を連呼されたり、返金保証を全面にアピールされたりしてグイグイこられると、食傷気味になることも大いにあるのです。

キャッチコピーの役割としては、ボディコピーへと読み手を誘うことが第一。**目指すべきは、読み進めたいと思わせて期待感を醸成するようなコピーです。**

POINT 4　ボディコピーなどとの連携も大切

キャッチコピーは、ボディコピーやクロージングコピー、追伸といったほかとの内容との連携が不可欠です。チグハグな内容では何を伝えたいのか理解してもらえず、広告の効果も上がりません。**全体の基調となるキャッチコピーで謳ったことがボディコピーに継承され、クロージングでさらに後押しする……という一貫した内容で読み手にアピールすることを重視します。**

ポイント

広く一般に受ける表現は避け、狙ったターゲットの心に最大のベネフィットが届くようなキャッチコピーを目指す。

購買意欲を喚起するボディコピー

商品の特徴や魅力とともに
具体例や解決策を提示する

クロージングへ誘導する内容に

キャッチコピーで関心を持った人たちに、さらなる詳細を提供するパートがボディコピーです。読んだ人の心に購買意欲を芽生えさせ、それをより確かなものへと成長させるという大切な役割を持ちます。

商品・サービスの特徴や魅力とともに、具体例や解決策を提示して、顧客からの信頼感・納得感を高める内容も取り入れましょう。そして、**クロージングコピーへと読み進ませ、最終的には購入や入会、申し込みといった結果に導くことが最終目標です。**

つまりボディコピーは、販売におけるセールストークを説得力のある文章で行うことだと言えます。

文章の組み立てを熟考する

ボディコピーを書く前に、どういう順番で文章を組み立てるのが最適か必ず考えてください。というのも、言っていることは同じでも順番次第で読み手に与える印象が変わるからです。

たとえば、学習塾の塾生募集のコピーライティングの場合、「ベ

テランの先生がマンツーマン形式で理解度に合わせた授業を行います……」と、塾の内容説明から入るのではなく、まずは「受験を見すえた勉強の方法がわからない。部活や趣味と勉強の両立で困っている。そんな悩みを解決するなら○○塾へ……」などと読み手の問題や困っている状況を指摘し、解決方法を示していくほうがターゲットの心に刺さるでしょう。

　サービスの説明からはじまる文章では、読み飛ばされたり、途中で読まれなくなったりする確率が高まります。それに比べて、悩みや課題からはじまる場合なら、ターゲットに「自分と同じだ」と共感してもらい、興味を持たせることができます。

　一般的に人は「自分のことを理解してくれる」と感じる相手からの働きかけを、好意的に受け入れる傾向があるのです。

ボディコピーに美文は必要なし！

　もうひとつ、ボディコピーを書くうえでの注意点は、読んでもらうために美しい文章を書こうと躍起になる必要はないということ。読みやすい文章であることは当然ですが、過度に技巧を凝らしたり、一文を書くのに推敲を重ねたりはしなくてかまわないのです。

　その理由は、読み手が求めているものを考えれば、すぐにわかります。**ボディコピーで求められるのは、美しい文章ではなく、商品・サービスについて理解を深められる文章**。セールストークで美辞麗句が不要なように、ボディコピーにも不要です。

ポイント

ボディコピーの大切な役割は、読んだ人の心に購買意欲を芽生えさせ、それをより確かなものへと成長させること。

ボディコピーに入れておきたい要素

ターゲットの立場になって
ベネフィットをアピール

POINT 1　内容の吟味

　ボディコピーを書いたら、まずは伝えるべき内容であるかを確認しましょう。読み手がボディコピーを読む目的は、商品を購入した結果、入手できる「いいこと＝ベネフィット」が何であるのかを知ること。それがわかり、得られるベネフィットが読み手の感情を動かすものなのかも重要です。

　また、商品の独自性が理解できる内容かどうか、**ほかとの優位性や、新たな魅力などを取り入れているかも確認します。**

・ベネフィットを押さえた内容
・読み手の感情に訴えている
・商品やサービスの独自性が伝わる

POINT 2　スタンスの検討

　次は、ボディコピーのスタンス・心構えを検討します。コピーライティングは、常にターゲット・ファーストを心がけたいものですが、想定した唯一無二のターゲットのための文章になってい

るでしょうか。売る側の視点ではなく、ターゲットの身になって読み返すと、修正点が見えてきます。

　同時に、ターゲットに寄り添う気持ちを持つことも大切。文章によって親近感を持ってもらえれば、商品への訴求力が増します。特定のターゲットに語りかけるような文章にしましょう。

・想定したターゲットに届く内容
・親しみが感じられる表現

POINT 3　テクニックの確認

文字数の多いボディコピーを読みやすくするためには、形式面でのテクニックも確認する必要があります。本文が続くのを避け、効果的な小見出しを適宜入れることで、飛ばし読みのフックとするのです。難解な言葉は、平易でわかりやすい表現に変更することもお忘れなく。また、一文は長くても3〜4行ほどに収めて、重複表現などの不要な部分はカットし、読みやすくしていきます。

　さらに、身近に感じられる内容を目指す場合、適切な具体例をいくつか交えてみるのがおすすめです。

・効果的な小見出し
・わかりやすい言葉選び
・回りくどい表現や場違いな内容はNG
・身近で適切な具体例

ポイント

親近感を持ってもらえれば商品への訴求力がアップする。身近な具体例なども盛り込み、語りかけるような友好的なコピーに。

クロージングの書き方にもポイントがある

購入などのアクションを
促すための役割

購入を説得する

　ここまで、キャッチコピーでは、顧客に興味を抱かせ次へと読み進めてもらえるようにし、ボディコピーではベネフィットの内容を丁寧に伝えてきました。

　次のクロージングコピーでは、納得感を高めて、読み手が購入や入会などの決断をするように促していくのが目標です。これまでの流れに乗って、いかに説得していくかが最重要課題となってきます。

　注意しなければならないのは、キャッチコピーやボディコピーが満足する内容に仕上がった場合、ついクロージングコピーを書き飛ばすといったミスをしがちなところ。**クロージングでの伝え方は広告効果に大きな影響を与えるので、成果の上がる内容を練らなければなりません。**

メリットや簡便性をわかりやすく

　クロージングコピーを書くときにキーワードとなる以下の3つを、まずは押さえておきましょう。

> ・オファーの提示
> ・ベネフィット（価値）
> ・簡便性

　オファーとは、顧客が今この場で購入や契約などを行うと入手できるメリットのことです。購入・入会特典や、初回限定プレゼント、返金保証といった、条件つきで即効性のある訴求ポイントがこれにあたります。もともと商品・サービスの見込み客である場合、こういった目先の利益が決め手となるケースも多く見られます。

　法則002では、コピーライティングの要はベネフィットであり、「顧客はベネフィットにお金を払う」と述べました。クロージングコピーにおいても同様です。たとえば、特典を伝える際もメリットだけではなく、特典によって手に入るベネフィットが何かを伝えていきます。

　あわせてクロージングコピーでは、簡便性も大きな意味を持ちます。申込み方法や注文方法の説明が誰にでもわかりやすいことは必須条件です。**少しでも不明点があったり、説明文が長すぎたりした場合、「面倒だな」と感じた顧客は離れてしまい、購入や申し込みに至ることはありません。**手順などが読み手の理解しやすい内容になるよう、丁寧に確認しましょう。

　加えて細かい点では、申し込みボタンまわりのコピーでも「簡単にできる」という点をアピールすることが求められます。

ポイント

クロージングコピーの最重要課題は、納得感を高めて購入や入会などの決断をするように促すこと。

クロージングに入れておきたい要素

お得感や希少性を訴え、特典・保証・締切を提示

POINT 1　価格に見合う価値

　一般に、購入の決定を下すのは、価格に見合う（または金額以上の）価値があると納得できたときです。そのため、**クロージングコピーで商品への期待感を醸成し、支払いへのハードルを下げることが重要になります。**

- ・お得感を高める
- ・返金保証などでリスクを減らす

　上記に挙げたものは、商品・サービスを購入する際、価格がネックとなっている相手への対策として有効な内容です。

　お得感を高める場合、競合他社の商品と比較するのではなく、関連があると感じる商品と比べましょう。適切な関連商品がなければ「3カ月分のコーヒー代で購入できます」などと、わかりやすい安価な代替品と比べる方法もあります。

　そして、返金保証、交換や修理サービスの無料提供などをしっかり提示していきましょう。保証が明記されていることで、顧客

が感じている不安やリスクを減らすことにつながるので、信頼感
をアップさせる要素ともなります。

POINT 2　希少価値や有効な特典

　価格に対するネガティブな要素を減らしたら、以下の3点を盛
り込でいきましょう。

・希少価値を訴える
・有効な特典を提供する
・締切の設定で行動につなげる

　レアアイテムや限定品と聞くと、誰でも食指が動くもの。数量
限定、期間限定、人数限定といった、購買意欲が向上するような
希少性をうまく利用します。**希少性が読み手を納得させるものに
なっているかどうかも大切な点なので、説得力のある理由とセッ
トで明記するのが鉄則です。**

　また、魅力的な特典は、買いたい気持ちを刺激する一助となり
ます。提示する特典は、商品・サービスに関係するもので、ター
ゲットに合った内容であることが肝心。場合によっては、複数の
特典の中からセレクトできるようにすると、より満足度が増して
成約率アップが狙えます。

　このほか、締切の設定も大切です。締切がないと、「またあと
にしよう」と見送られることも多くなるので注意しましょう。

ポイント

価格に見合う価値があると納得感を与え、支払いへのハードルを下げ、
希少価値を訴え、特典を提供し、締切を設ける。

最後の一押しを生み出すのが追伸

読まれる確率が高い追伸で
重要な情報を再度伝える

メールや手紙の最後に、書き切れなかった思いや、念押ししておきたい内容などを記すのが一般的に知られる追伸です。「P.S.」で表すこともあります。

コピーライティングでは、冒頭のキャッチコピーに次いで読まれる可能性が高いのは、終わりに位置する追伸だと言われるほどの必須要素。セールスレターやランディングページには、必ず入れるべきパートです。追伸は、重要事項を再度アピールできる最後の砦とも言える位置づけになります。

P.S.	「Postscript」の略
	あとで書かれたものを意味する

追伸では、要点をシンプルにまとめることが求められます。そのうえで、**購入や申し込みといったアクションを今すぐ起こすように誘導できることが大切です**。顧客に訴えたいことをコンパクトな表現で伝え、行動喚起を狙い、さらなる成約率アップを目指しましょう。

　読み手に行動を決断させて、実際にアクションを起こさせるためには、心理学的な手法を取り入れるのもおすすめ。ある程度の長さの文章を読ませる場合なら、「一貫性の法則」が有効です。

> **一貫性の法則とは？／もともと人間に備わる、一貫した行動や信念などをとりたいという欲求のこと**

　中でも「イエスセット」は、質問に対して「イエス」と肯定し続けていると、一貫性の法則によって反論しにくい心理状態となります。**このようなイエスと言いやすい状況下で、肯定的な答えがほしい質問をぶつけることで、商品やサービスの購入へ顧客を誘導しやすくする手法です。**

> 「部屋が片づいていると気分がよくなりますよね？」→「イエス」
> 「ラクに掃除ができると便利だと思いませんか？」→「イエス」
> 「留守中に掃除が終わっていたら理想的ですよね？」→「イエス」
> 「そんな理想的な生活を手にするため、
> ロボット掃除機を購入しませんか？」　　　　→「イエス」

　この心理テクニックを使う際は、上記のようにターゲットとの関係性を積み上げることが必要。追伸だけではなく、ボディコピーからイエスと答える場面をいくつか入れて肯定しやすい下地づくりをして、追伸で最後の決め手となる質問を投げかけます。

ポイント

コンパクトな表現で訴えたいことを伝え、顧客の行動変容を促すことで成約率アップを目指す。

全体をチェックして
丁寧に検証・改善を行う

最終確認 1　追伸のチェック

　コピーライティングの締めには、きめ細かく全体を確認して、文章の検証を行います。

　まず、追伸には読み手に伝えなければならない重要事項を入れているでしょうか？　たとえば、一番のセールスポイントとなるベネフィットや特典、保証などのオファーについて書くといいでしょう。また、ボディコピーでは、あえてふれずに温存しておいたベネフィットや、デッドラインとなる締切の告知で緊急性を伝えるのも有効です。

　このほか、**「この商品を手に入れなかったら、ベネフィットも入手できない」ということを伝える手法もあります**。たとえば「後悔したくなかったら今すぐ商品を購入しよう」といった、ネガティブな気持ちに訴えかけて、購買意欲につなげるタイプの追伸です。

最終確認 2　体裁を整えて見直しを行う

　ランディングページやセールスレターなどを書き上げたあと、確認しなければならないことを次にまとめています。

- ・情報開示／販売側の連絡先など
- ・受注フォームの動作確認
- ・体裁を整える／文字の大きさ、強調部分
- ・見直しを行う／音読、チェック・吟味・ブラッシュアップ

　最初に、基本的なことですが、販売者の名称・所在地・連絡先などがちゃんと入っているか確認します。また、受注フォームが問題なく使用できるかどうか、事前に動作確認をしておくことも重要です。

　次に、読みやすい体裁になっているかをチェック。文字は標準的な14pt以上、ゴシック系のフォントに設定するのが理想です。デザインやレイアウトにこだわる場合も、読みにくくならないように配慮しましょう。

　印象づけたいフレーズは、太字にする、色を変える、アンダーラインを引くといったことでアクセントをつけます。強調部分は多出すると、本当に伝えたい部分がかすんでしまううえに読みにくくなるので要注意です。

　そして、**内容のチェック・吟味、校正、ブラッシュアップという、この一連の流れを定期的に行います**。そうすれば、実際に運用した結果を踏まえて改善を続けることで、よりよいコンテンツに仕上げられるでしょう。

ポイント ┄┄┄┄┄┄┄┄┄┄┄┄┄┄┄┄┄┄┄┄┄┄┄┄┄┄┄┄┄┄┄

販売側の情報開示に受注フォームの動作確認、文章の体裁を整えると同時に、必ず見直しを行ってブラッシュアップ。

コピーライティングの基礎知識

□ マーケティング視点に立って、市場のニーズをとらえる

□ 商品購入によるベネフィットを効果的にアピールする

□ コピーライティングは4つの要素から成り立っている

□ 続きを見たいと思わせるのがキャッチコピーの役目

□ 定めたターゲットに合った表現をする

□ ボディコピーで顧客の購買意欲を育てる

□ 親近感のあるボディコピーは訴求力をアップさせる

□ クロージングでは納得感を高めて、顧客を行動へと促す

□ 購入のハードルを下げたうえで、今決断させる

□ 追伸ではシンプルに要点をまとめ、行動を喚起する

□ 定期的に内容を見直してブラッシュアップする

第 **2** 章

必ず押さえて
おきたい
ライティング技術

コピーライティングで重要なのは、顧客のニーズをとらえて、ベネフィットを訴求すること。そのときに必要になってくるのが、確実に刺さるコピーをつくるライティング技術です。

ペルソナをイメージする①

どんな人に届けるのかを
意識することが大切

- -

　どんなにすばらしいコピーであっても、届けたい相手を明確化しなければ、刺さるコピーをつくることはできません。そこで、コピーを書く前にしっかりと「ペルソナ（想定読者）」を設定する必要があります。そこで、「ペルソナ」を意識して記事を書いていく３つのステップを紹介します。

STEP 1　読者がなぜ商品について知りたいのか

　商品に興味を持ってくれるのはどんな人なのか。商品を手にする人物像を考えます。

STEP 2　人物像をイメージする

　人物像は、より具体的にストーリーをイメージする必要があります。たとえば、「30代男性」だけでは不十分です。もっと詳細に、独身なのか、趣味は何なのか、年収はどの程度なのか**深掘りしていくことが重要になります**。

STEP 3　どんなコンテンツが必要なのかを考える

　イメージしたペルソナの具体的な悩みを想定して、その悩みを

解消するためのコンテンツを考えていきましょう。

実際にペルソナをつくってみよう

では実際に、「肥満に効果のある飲み薬」を題材にしてペルソナをつくってみましょう。人物像としては、「最近、太ってきた……」と不安に感じている、以下のような具体的な人物が想定できます。

具体的なペルソナの例

・38歳男性　　　　　　　・彼女がいないことが悩み
・独身　　　　　　　　　・趣味はYouTubeを見ること
・住宅会社の営業社員　　・運動は苦手
・年収350万円

このように、情報だけに留まらず、ストーリーも構築していきます。このペルソナとなった38歳の男性からは、「出社前に、ふと鏡を見ると自分のお腹周りが気になった」「自分の父親も太っていたし……」「運動をしないでやせる方法はないのか」と、**生活の中で考え込んでしまっているストーリーがつくれるはずです。**

そして、ペルソナの悩みを解消するために、「見逃したくない肥満のサインとは？」「肥満は遺伝するの？」「肥満対策のために必要な栄養素は？」、さらにはペルソナの情報から「年収300万円でもできる対策」というコピーも考えることができます。

> **ポイント** ------------------------------
> より具体的なペルソナを想定して、ストーリーを構築することで、刺さるコピーをつくることができる。

ペルソナをイメージする②

読者の悩みを明確にして
潜在的な欲求に目を向ける

　コピーを書く前にしっかりと設定する必要がある「ペルソナ（想定読者）」。ペルソナをイメージすることには、3つの利点があります。ぜひ、押さえておきましょう。

1　読者の悩みを明確に理解することができる

　ふんわりと幅広い層に向けたコピーよりも、「たったひとり」へ向けたコピーのほうが心に刺さります。

2　読者に向けた的確な文章を見つけることができる

　設定するペルソナは男性か女性か、または若者か年配か。また20代と設定したのであれば、20代になったばかりの学生なのか、30代に近い社会人なのか。細かく設定していくことで、受け入れやすい文章もおのずと決まります。

3　読者が次のアクションを見つけることができる

　ペルソナを決めたことで、その悩みに寄り添い、解決策を見つけることができます。これより、ペルソナに対して正しい誘導をしてあげることが可能です。

ペルソナを活用した具体的なコピーライティング法

　本書で何度も登場する「ベネフィット」という言葉。一言で説明すると**「実は満たしたい潜在的な欲求」**のことです。

　一方で、「メリット」という言葉もありますが、こちらは「顕在化しているニーズが満たされたときの恩恵」という意味です。この2つは似ているようで異なるものになります。

　コピーライティングにおいては、メリットではなく、ベネフィットを意識してみると、より訴求力が高まります。

　たとえば、ダイエットに関連する商品の検討をしている読者に向けて、ただ「やせる」「体脂肪が減る」ということを押し出すのは、メリットの提示でしかありません。ベネフィットを意識するならば「長生きして家族を幸せにできる」「いつまでも健康でいることで楽しみなことが増える」となるはずです。

　このような読者にとってのベネフィットを探すためには、ペルソナの設定が必要になります。ターゲットが定まっていると、具体的で的確なベネフィットを提案しやすくなるのです。

　ほかにも、ペルソナを活用することで、**読者が感じるであろう疑問を先読みして、答えることもできます。**

　たとえば、ペルソナが初心者であれば、専門的で難しい用語は使わないことが大切です。疑問を抱きそうな部分を予想し、あらかじめわかりやすい言葉に変換しておいたり、用語の説明を用意しておいたりするとよいでしょう。

ポイント
ペルソナをイメージすることには3つの利点がある。そしてペルソナを活用し、「ベネフィット」を意識して訴求力アップを狙う。

「だらだら文章」はNG！
適切な文章の長さを意識する

コピーライティングに限らず、文章を書いていくうえで、**最も初心者がやりがちなミスとして挙げられるのが「だらだら」と文章を書いてしまうことです。**これでは、文章が非常にわかりにくくなってしまいます。まずは、以下の例を見てみましょう。

> 昨日、会社から帰ってきて夕ご飯を食べて、時間が余ったのでゲームをしていたら、妻から「家事を手伝って」と言われたので皿洗いをしました。

この文章は一文で構成をされていますが――、

> 構成要素①
> 会社から帰ってきて夕ご飯を食べた。
>
> 構成要素②
> 食後にゲームをした。
>
> 構成要素③
> 妻から頼まれて皿洗いをした。

以上、3つの構成要素が混在しています。

　そこで、この文章をわかりやすくするために意識するとよいのが「1センテンス・1メッセージ」です。これは、ひとつの文にはひとつの意味を持たせるという意味になります。ちなみに、「ひとつの文」とは、書きはじめから句点（。）までの文章の塊のことです。

　「1センテンス・1メッセージ」を意識してリライトをしてみると――、

　昨日、会社から帰ってきて夕ご飯を食べました。食後に時間が余ったのでゲームをしました。その際、妻から「家事を手伝って」と言われたので、皿洗いをしました。

　以上のようにすれば、すっきりと読みやすくなったのではないでしょうか。

一文の適切な長さとは?

　そもそも、一文が長すぎると、読みにくさを増長させてしまいます。これでは、「1センテンス・1メッセージ」が難しくなるのです。とはいえ、短すぎてしまっても、わかりにくい文章になってしまいます。

　適切な文章の長さは60字以内が目安です。また、最近では**スマホで広告を見ることが当たり前になっているため、その場合は40〜50字が適切な長さが好ましいと言われています。**

ポイント

読みやすい適切な文章の長さは60字。「1センテンス・1メッセージ」を意識して文章を書いていく。

3つの文体の特性を理解して
コピーに統一感を出す

まずは以下の文章を確認してみてください。

> 明日の予定ですが、まずは会社に出社します。で、お昼前には営業のために外出する。訪問先の企業の気の合う社員と会えるから、すご〜く楽しみ！

何か違和感を覚えますよね。この文章は、まったく文体がそろってないのです。

コピーライティングにおいて、**一文一文の文体がばらばらだと、文章全体の統一感が失われて、読みにくくなります**。これでは、訴求したい内容を的確に伝えることができません。

そこでまずは、一般的な文体にはどんな種類があるのかを知っておきましょう。

どんな文体があり、それにはどんな特性があるのかを知ることで、適切な書き分けができるようになります。**文体の混合という、コピーの統一感を失わせる事態を防げるばかりか、シーンに合わせて文体を選び取ることも可能となるでしょう。**

文体 1 「です・ます調」（敬体）

　「敬体」と呼ばれてる文体です。文末が「〜です」「〜ます」で終わるもので、オーソドックスな書き方といえます。

　コピーライティングとしては、**くだけすぎることもなく、堅すぎることもないので、丁寧な印象を与えることが可能です。**また、Webで多く使われている文体でもあります。

文体 2 「だ・である調」（常体）

　「常体」と呼ばれる文体です。文末が「〜だ」「〜である」で終わり、多くの方になじみがあるものでは、**新聞で使用されています。**「です・ます調」と比べると堅い印象を与えるでしょう。

　断定的な書き方になるので、権威的であり、厳しさを感じさせます。また、なかには年配の方が書いた文章のように感じる人もおり、結果として、**若い読者からは堅苦しいイメージを持たれる可能性も。**

　ただ、公平性を感じられる書き方でもあるので、**一定の客観性を持たせたいときなどには、有効に活用することができるでしょう。**

文体 3 「語り口調」（口語体）

　「口語体」と呼ばれる文体です。話し口調の文体なので、読者に親近感を与えることが可能です。**SNSやブログなど、砕けた感じの媒体では、非常に効果を発揮します。**

　ポイント

文体には「です・ます調」「だ・である調」「語り口調」がある。どの文体で書いているのか意識をして、文章全体に統一感を出す。

口語と文語を使い分ける
敬語、差別表現に注意

　多くの人の目に触れる文章では、口語と文語をしっかりと使い分けられていないと、読者に違和感を与えることになります。そもそも、使用する場面が異なる口語と文語を混合させてしまっていては、アピールしたいものの信用にもかかわってくるでしょう。

口語と文語の違いと適切な使用場面

　では、口語と文語は何が違うのか、整理をしてみましょう。

口語：話し言葉、会話するときの言葉
文語：書き言葉、公用文章などに使う言葉

　具体的に使用する場面で考えてみると、**口語はフランクでなじみやすい印象を与える**ので、Facebook、X（旧Twitter）などのSNSで使用すれば、読み手とコミュニケーションを取りやすくなります。逆にこのような場面で文語を多く使用してしまうと、読み手は堅苦しさを感じるはずです。

　一方で、**文語は企業の公式ページなど、公の場面で使うと、きちんとした印象を与えることができます。**

注意をしたい敬語と差別表現

　コピーの印象をよくするためには、適切な敬語を使用することが不可欠です。学生時代に習っているものですが、改めて敬語の3つの種類を復習しておきましょう。

尊敬語：対象となる人物や行為に敬意を表する

　　（例）召し上がる

謙譲語：自分自身をへりくだって表現する

　　（例）いただく

丁寧語：読み手に対して丁寧に表現する

　　（例）食べます

　また、不適切な言葉にも注意が必要です。

　たとえば、「看護婦」「スチュワーデス」「外人」などの言葉は、差別的な要素を含むため基本的に使用するべきではありません。それぞれ「看護師」「客室乗務員（キャビンアテンダント）」「外国人」と書き換えましょう。

　国籍、宗教、性別などに対して否定的・差別的な言葉を使用するのはNGです。このような言葉を使ってしまうと、商品の宣伝どころか、自社の大きなイメージダウンにつながるうえ、大問題に発展してしまう可能性もあります。さらには、企業の体質を疑われかねないのです。

ポイント

話し言葉と書き言葉では使用する場面が異なる。差別用語は絶対に使用してはいけない。敬語にも注意する。

文末表現はあいまいにしない

豊富なバリエーションと
「言い切り」が大切

「文」のイメージは、どこで決まると思いますか？

最も大事だとされているのは、文末です。**文末を少し意識するだけで、コピーライティングの表現が格段にスマートになり、質の高い訴求効果を発揮**することができます。

テクニック１　語尾にバリエーションを持たせる

まずは以下の文章を確認してみてください。

> 明日は休みです。天気は晴れの予報です。朝は早く起きるつもりです。

このように同じ語尾を繰り返していると、人は違和感を覚えるものです。そのうえ、文章のリズムも失われてしまいます。どうしても必要な場合は、２回までは繰り返してもかまいませんが、**３回以上繰り返すとくどい印象になるので、表現を変えましょう。**

代表的な語尾の言い回しとその意味を、次にまとめています。困ったときは、以下の表現から適切なものを選んでみてください。

- 提案表現の語尾→「しましょう」

- 疑問表現の語尾→「ではないでしょうか」

- 量測表現の語尾→「でしょう」

- 否定表現の語尾→「ではありません」

- 親和表現の語尾→「ですね」「ますね」

- 体言止め→文末を名詞で終わらせる

テクニック2　言い切ることの大切さ

　初心者に多いのですが、文末に「のようです」「だったかもしれません」など、必要以上にあいまいな表現をしてしまうことがあります。しかし、これでは読者に不安感を与えますし、文章全体の信憑性だけでなく、商品の評価を下げてしまうことにもつながります。

　そこで、**対策として有効なのが「言い切る」ことです。**「言い切る」ことによって、商品に対しての自信を読み手へ伝えることができます。

　ただ、不確かなことを言い切ってしまうと、トラブルに発展することも。**そもそも、「言い切る」ためには、自信を持って伝えることができる調査・取材が事前に必要になります。**やみくもに言い切ればいいというわけではないので注意しましょう。

ポイント
- -

文末は同じ語尾を繰り返さず、バリエーション豊かに。確実な調査・取材のもと、言い切ることが大切。

文章の主観と客観を知る

主観と客観を意識して
大きな訴求効果を目指す

まずは以下の文章を読んでみてください。

> **このお店のケーキはおいしい。**

お店のケーキが「おいしい」ということは伝わります。しかし、「おいしい」かどうかの価値基準は人それぞれ違うので、この文章は個人の感想でしかなく、主観的なものです。わかりやすくはありますが、説得力には欠けます。そこで、説得力を持たせるために、以下のように変えてみした。

> **このお店のケーキは、毎日品切れになる。**

この書き方であれば、「品切れになる」という客観的な事実から、読み手にとっても「おいしい」ケーキだということの説得力が増すでしょう。

主観と客観、どちらがいいかは場合によります。ただ、コピーライティングをするうえで、このように主観と客観を意識すれば、読み手が受け取るイメージをコントロールすることが可能です。

では、両者には具体的にどのような違いがあるのか、確認をしていきましょう。

主観的なコピーライティング

→書き手の感情、考え方、意見などを書くもの。効果としては、親近感を生んだり、温かみを持たせたりすることができる。

客観的なコピーライティング

→科学的なデータや統計など、事実や一般的な価値観など。効果としては、説得力を持たせることができる。

また文章の中で、主観と客観を織り交ぜて的確に使うことで、さらに大きな訴求効果をもたらすことができます。

富士山は日本一高い山で、標高は3777メートルです。私は富士山を眺めると大きなパワーを感じます。

上の一文目は、「日本一高い」「標高は3777メートル」と、それぞれ客観的な事実です。**このデータは、内容に説得力を与えています。**

一方で、二文目の「大きなパワーを感じます」は、あくまで主観的な内容です。書き手の個人的な感情ではありますが、この文があることで、**あたたかみや親近感が生まれています。**

ポイント --

「主観」は書き手の感情や考え方。「客観」は統計データなど。両方を織り交ぜて、より訴求効果をアップさせることが可能である。

具体的な数字を入れる

数字を文章に入れると
文章が簡潔に整理できる

コピーライティングでは、具体的な数字を文章に入れることによって、書かれている内容の説得力を高めることができます。さらに、文章を簡潔に整理する効果もあるのです。テクニックのひとつとして押さえておきましょう。

どんな言葉を具体的な数字に修正するべきか

まずは、以下の例文を確認してみてください。

・多くのお店

・しばらく歩く

・多額の借金

・友人の家に訪れた

これらの例でも、状況はわからなくはありませんし、意味は伝わるでしょう。とはいえ、具体的な数字がないので、説得力があるとは言えません。

そこで、各例文に具体的な数字を入れ込んで、文章をつくり直してみます。

> ・100軒のお店
>
> ・10キロ歩く
>
> ・10億円の借金
>
> ・友人の家に1度だけ訪れた

　このように、数字を入れることで、一定の景色が見えてきたのではないでしょうか。

　「多くのお店」では、読み手によって、それぞれが想像する景色は異なります。「100軒のお店」と書かれていれば、すべての読み手が一定の共有した景色を想像することができます。

　「10キロ歩く」と書かれていれば、「しばらく歩く」と書かれている場合よりも、道を歩いたときの疲労感を具体的にイメージしやすいでしょう。

　「10億円の借金」であれば、多くの読み手が完済するのは難しいと感じるはずです。多額なら「100万円の借金」でもあてはまりますが、このくらいの数字であれば、一生懸命働けば返済は十分に可能といえます。具体的な金額次第で、受け取る印象はだいぶ異なるはずです。

　また、友人の家に行った回数が1回であれば、そこまで親しい関係ではないということがわかります。

　数字は、具体的な印象を持たせることができるので、より商品の魅力を具体的に訴求する効果があます。例文を見て、それがわかったのではないでしょうか。

ポイント --
数字を文章に入れなくとも、おおよその状況は理解できる。しかし、数字を入れることで、もっと具体的な状況を共有させられる。

名詞も具体的な表現ほど伝わりやすい

代名詞ではなく名詞を使う
固有名詞は必ず確認を

代名詞を使うと文章がわかりにくくなる

コピーライティングにおいては、「私」「彼」「彼女」「それ」「それら」などの代名詞を使ってしまうと、文章がわかりにくくなります。基本的には、読者に的確に情報を伝えるために、**代名詞は使わずに普通名詞や固有名詞を使いましょう。**

しかし、**代名詞には文章に深みを持たせるような効果があります。**たとえば、小説のような創作物では、代名詞を効果的に使った表現がよく見られます。

固有名詞は何度もチェックを！

以下から間違っているものを探してみてください。

・東京都太田区

・株式会社キャノン

・新御茶の水駅

どうでしょうか？　答えは、すべて間違いです。正解は以下の

ようになります。

・東京都大田区

・キヤノン株式会社

・新御茶ノ水駅

　間違えやすい固有名詞は、自分なりにまとめておくのがいいかもしれません。

　なかでも、人名を扱う際は特に注意が必要です。

　たとえば、「まさみ」という名前だと、「雅美」「雅実」「昌美」「昌実」といった表記が候補として考えられます。

　人名を間違えるのは、非常に失礼なこと。企業の広告として使われるコピーでは絶対に間違えてはいけないものになるので、ミスのないように何度も見直しましょう。

略語だけでなく正式名称も書いておく

　広告文で略語を書く必要がある場合、正式名称も並べて書いておきましょう。文章内ではじめて略語が登場した際だけで十分ですが、これをしておくだけで、コピーが格段に平易でわかりやすくなります。

【例】アコギ→アコギ（アコースティックギター）

　　　IMF→IMF（International Monetary Fund）

ポイント -

代名詞を使ってしまうと、文章がわかりにくくなる。間違えやすい固有名詞は事前にまとめておくと間違いを防げる。

こそあど言葉を多用しない

読みやすくするために
指示語はあまり使わない

コピーライティングに限らず、基本的に文章は、**読者が一度読んだだけで意味が理解できるように書くことが重要です。**

何度も読み返さなければいけないような書き方では、読み手にはストレスが溜まります。結果として、文章が途中で読まれなくなってしまうでしょう。

これでは、商品をアピールしようとどんなにがんばってセールスコピーを書いたとしても、まったく意味がありません。

なぜ、文章が読みにくくなってしまうのか

文章を何度も読み返さないとわからなくなってしまうのは、多く場合、**指示語が原因**です。

> **主な指示語**
> 「これ」「それ」「あれ」「どれ」

指示語とは、一般的に**「こそあど言葉」**と呼ばれているもののことです。

指示語があると、何を指しているのか、読者は頭で考えたり、

場合によっては、文章を戻って読み直したりする必要があります。

　指示語を連発してしまうのは読みにくくなります。そこで**指示語ではなく、なるべく具体的な名詞を使って、文章を書いていきましょう。**

「こそあど言葉」を使用する場合の注意点

　「こそあど言葉」は使用しないことがベストですが、まったく使用しないで文章を書いていくのも、それはそれで不自然になってしまうこともあります。

　以下の例文で確認をしていきましょう。

私は健康のためにダイエットをしています。朝はジョギングをして、仕事後はジムに通っています。まだはじめてから10日ですが、順調にそれを続けています。

　読んでみると、これでは**「それ」**がどこに掛かっているかがわかりづらいです。そこで、以下のように修正すると、「それ」がダイエットに掛かっているのがわかります。

私は健康のためにダイエットをしています。まだそれをはじめてから10日ですが、順調に続けています。朝はジョギングをして、仕事後はジムに通っています。

ポイント

「こそあど言葉」を連発すると読みにくくなるので、なるべく名詞で書く。使う場合は、掛かる文節の近くに。

次の文章を読んでもらう仕掛けを作る

文章の構成を工夫して
読者の興味を持続させる

　どんなに自分なりにコピーを一生懸命に書いても、必ず読者が最後まで目を通してもらえるという保証はありません。

　読者も暇ではないので、興味が持続しなければ、途中で読むのをやめてしまいます。もちろんこれでは、宣伝効果を最大限に発揮することはできません。コピーを読んでもらうためには、書き手側に文章構成の工夫が求められます。

キャッチコピーは何のためにあるか?

　アメリカで伝説のコピーライターと言われている、ジョセフ・シュガーマン氏の有名な言葉があります。

> キャッチコピーは1行目の文章を読んでもらうためにあります。1行目の文章は2行目の文章を読んでもらうためにあり、2行目の文章は3行目の文章を読んでもらうためにあります。

　このように、滑り台をすべるように読者が惹き込まれるような文章で構成する表現を**「すべり台効果」**と言います。コピーライティングにおいては、「すべり台効果」を積極的に意識しましょう。

効果が有効に発揮されれば、キャッチコピーから、最後の一文まで、読者に読んでもらえることができます。

一文目にオススメしたい文とは?

ただ、実際に「すべり台効果」を狙っていこうとしても、そう簡単に文章を考えることはできません。読者に関心を持ってもらえるような一文目の書き出しが求められても、小説家でもなければ、そんな華麗な一文など、なかなか思いつかないでしょう。

そこで、オススメしたいのが、**これまで顧客からもらった商品に対するポジティブな声を一文目として使うテクニック**です。

たとえば、宣伝をしたいテレビについて、顧客から「びっくりしたよ。俳優が目の前にいるようだ」という言葉をもらっていたとします。そこで、この「びっくりしたよ。俳優が目の前にいるようだ」という文を一文目として、そのまま使用してみます。

もちろん、これだけ読んだだけでは、読者は何に対して書かれているのかわからないので、続く文も読んで確認をしたくなります。次に二文目として「あの私の好きなアイドルも、ぜひ見てみたい」と続けます。これでも、まだ意味は、はっきりとわからないので、続けて次の文も読みたくなるはずです。

こうやって興味を持続させていけば、コピーを最後まで読んでもらい、商品の魅力を十分に伝えることができるでしょう。

ポイント

滑り台をすべるように読者が惹き込まれる「すべり台効果」を利用して、多くの読者の興味を持続させる。

漢字、ひらがな、カタカナの特性を活かしてアピールを

　外国人から日本語は、とても難しい言語だと思われています。その理由は、日本語を理解するためには、「ひらがな」「カタカナ」に加えて、「漢字」もある程度、マスターをする必要があるからです。英語ではアルファベット26文字だけであることを考えると、その差は歴然なのは明らかでしょう。

「ひらがな」「カタカナ」「漢字」の特性

　ここで「ひらがな」「カタカナ」「漢字」が、読者に与えるイメージを、改めて考えてみましょう。

・「ひらがな」→やわらかい印象で読みやすい。しかし、幼い印象を与えてしまう可能性もある。
・「カタカナ」→新しくて斬新な印象を与える。またシャープですっきりした雰囲気もある。デメリットとしては頭に入りにくく、記憶には残りづらいと言われている。
・「漢字」→きっちりとした印象を残す。意味がわからなくても、見た目で意味を推測できることもある。ただ、難しい印象を与えることもあり、圧迫感もある。

どの表記にするかの決め手は、「読者にどんな印象を持ってもらいたいか」ということになります。

> **外国人のモデルが持っているカバンがほしい。**

この例文では、「カタカナ」で表記をしました。外国人のモデルの持っているものですので、外国製品であるイメージを持ってもらいたいです。そこで、あえて「カタカナ」にすることで、外国製品で、なおかつ最先端な印象を与えることもできます。

> **父の形見の鞄を捨てられない。**

"父の形見"という内容から、漢字で「鞄」と記しています。漢字からは歴史的な雰囲気も感じさせることができますし、"父の形見"という、きちんとしたものであるという印象も与えることができます。

> **小学校に入学するので、かばんを買ってもらった。**

幼い子どもが持つ物として、やわらかい印象を与えるために、「ひらがな」の表記にしました。幼い印象を与えてしまうのがデメリットである「ひらがな」ですが、ここでは逆にそこがメリットとして働きます。

ポイント

「ひらがな」はやさしい印象。「カタカナ」は新しくて斬新、そしてシャープな印象。「漢字」はきっちりとした印象を残す。

漢字の使用を極力減らす

漢字を使用する比率で
好印象を読者に与える

　漢字を使用する場合は、比率に着目しましょう。実は**コピーライティングでは、一般的に漢字の比率は高くないほうがいい**とされています。

> ・友達はなぜ、機嫌が悪いのか、まったくわからない。
> ・友だちがなぜ、機嫌が悪いのか、まったくわからない。

　以上の２つの文章を比べた場合、下の文のほうが漢字は少ないので、より頭を使うことなく読むことができます。学校の国語の問題であれば、漢字にできる箇所はできる限り、漢字で記入していくことがのぞましいとされています。ですが、**コピーライティングはあくまで、読みやすさを重視するものですので、読みやすくするためにひらがなのほうがよければ、漢字で書く必要はありません**。コピーライティングで、ひらがなと漢字の比率は７対３が理想的と言われています。

ポイント

コピーライティングは国語の問題ではない。漢字の比率は高くないほうが読みやすい。ひらがなと漢字の比率は７対３が理想的。

重複表現は避けたい

類語の重複と文末の重複は
読者が違和感を持つ

コピーライティングの作業で、同じ意味の単語や表現自体を重複して使ってしまうと、その中でどんなに気を使ってコピーを書いても、読み手が違和感を持つことになってしまいます。

> ・彼は、はっきりと明言をしました。

この文で「はっきり」と「明言」は、**類語を重複して使っています**。

> ・私は、お母さんのお弁当が世界で一番おいしいと思っています。きっとこのことをお母さんに伝えたら、喜んでくれると思います。

この文章では、**2つの文の文末の「思っています」「思います」の部分が重複**しています。

ポイント

似た表現の重複はしっかりと見直してチェックを。文末の表現はバラエティを増やして対策をする。

複数のアピールポイントは
箇条書きで読者に伝える

新発売の冷蔵庫を選ぶべき理由として、1つ目は、たくさん収納ができることです。2つ目はエコな商品なので、電気代が節約できます。3つ目は、多機能であるのに、値段が高くないことです。

　この宣伝文を読んだ際に、どう感じるでしょうか。何か間違っているということはなくとも、多くの方は読みやすくないと感じてしまうでしょう。コピーライティングで、複数のアピールポイントなどを明示する際には、文章で表現をするよりも、以下のように**箇条書きで読者に伝えたほうが、わかりやすくなります。**

新発売の冷蔵庫のアピールポイント
アピール1　たくさん収納可能
アピール2　エコな商品　電気代が節約できる
アピール3　多機能なのに格安

ポイント

アピールしたいポイントが複数ある場合は、文章で伝えてもわかりにくい。箇条書きで、わかりやすく読者に示そう。

読みやすい文章の基本は
一文をできるだけ短く

コピーライティングでは、読者にストレスを与えてしまっては、商品をアピールすることは難しいと、ここまで何度も伝えてきました。とにかく、**宣伝文はわかりやすくて、読みやすい文章を目指すべきです**。以下も読みにくい文章の代表例です。

> 私は1990年に東京都で生まれましたが、小学生になると大阪に引っ越して、その後はずっと暮らしていますので、友人は大阪の人が多いです。

なぜ、読みにくいかと言えば、**一文が長すぎるからです**。そこで、文を以下のように分割します。

> 私は1990年、東京都生まれです。小学生になると大阪に引っ越しました。その後はずっと大阪で暮らしているので、友人は大阪の人が多いです。

ポイント

一文が長すぎると読者のストレスになってしまう。読点や句点を用いて、文章を細切れにすると読みやすくなる。

必要なライティング技術

□ 具体的なペルソナを想定し、ターゲットを明確化する

□ ペルソナの設定で読者の求めるベネフィットが見つかる

□ 60字、1センテンス・1メッセージの文章は読みやすい

□ 文体の特徴を理解し、適切に使い分ける

□ 話し言葉と書き言葉、敬語、差別表現には注意する

□ 文末にはバリエーションを持たせ、言い切ることが大切

□ 主観と客観を的確に織り交ぜれば読者の心に響く

□ 数字を入れると、より明確に状況を伝えることができる

□ 固有名詞を使うと具体性が増すが、間違えないよう注意

□「こそあど言葉」を使いすぎると文章がわかりにくくなる

□ 実際の声を紹介し、すべるように読者を惹き込む

□ ひらがな・カタカナ・漢字の使いどころを見極める

□ ひらがな：漢字の比率が7：3だと読みやすい

□ 表現が重複していると、読者は違和感を覚える

□ 複数のアピールポイントは箇条書きで伝える

□ 1行を短くすると読みやすさが増す

第3章

読まれるセールス
ライティング技術

情報が溢れる現代社会で、読まれる文章を生み出すのは至難の技。読み手を惹き込むにはどうしたらいいのか、そのメソッドを本章ではわかりやすく解説します。

情報は整理されていることが重要

整理された情報が目を引く PREP法

　文章が少しでもわかりにくかったり、読みにくかったりすると、読者は読むのをやめてしまいます。読者に読んでもらうためには、書かれている内容をしっかり整理することが大事なのです。

　読まれるための文章を作成するためには、**書かれた情報を整理し、論理的に示す「PREP法」を使うといいでしょう。**

　PREP法とは——、

　1：[P] POINT（総論／結論）
　2：[R] REASON（各論／理由やメリット、デメリット）
　3：[E] EXAMPLE（各論／データ、具体例、体験談）
　4：[P] POINT（総論／結論）

　という4つの項目の頭文字をとった論法で、初めから読み進めないと結論がわからない起承転結式ではなく、最初に結論を提示しながら読者に意図を伝わりやすくする方法です。最初の結論の理由や具体例などの次に各論を入れ、最後に再度、結論を打ち出して印象を強めます。こうした構成の中では、読者は気になる部分から読み進めていくことができます。

文章の各パーツには意味がある

Web広告の場合、読者は文章を前後にスクロールしながら読んでいきます。

そのスピードの中で読者の興味を惹きつけるのは、まず「タイトル」です。**タイトルはひねったものではなく、内容がわかるストレートなものがいいでしょう。**

次に目を引くのは、文章の「信憑性」です。読者は文章の内容の信憑性を、誰が書いているかで判断する傾向があります。内容に対する書き手の体験の多さや実績が大きな権威となるので意識しなければなりません。

文章の前につけられた「見出し」も重要です。見出しは文章のブロックを一言で表すキーワードです。見出しには、つける位置によって「大見出し」「小見出し」などがありますが、これらを順に追っていくと記事全体の意図が、流れとして見えてくるのです。

冒頭に添えられた図版や表なども、タイトルや見出しを補完し、内容のイメージを感覚的に伝えるために重要です。

同じように文中の内容を簡単にまとめる「箇条書き」も、効果的に内容を伝えることができます。記事を流し読みしていても、図版や表、箇条書きは目を引きつけ、興味を持たせられます。

また文章中で使うフォントの種類や色のついた文字、太文字といった要素は、記事を眺めるだけでも印象に残ります。

ポイント

PREP法を使って情報を整理するだけでなく、タイトルや信憑性、見出しなどの要素にも意識すると読者を惹きつける記事になる。

文章の中に読者の興味を惹く
メリットを提示する

読まれる文章というのは内容が充実しているだけでなく、**読まずにはいられなくなる仕掛けが施されています。**

その代表例が、読者に提示する読む「メリット」です。文章の初めに「これを読むと異性に好かれます」というようなメリットが書かれていると、読者が興味を抱いて読む動機につながるはずです。

ただし、書き方にも仕掛けが必要です。メリットには２種類の表現があります。ひとつは先述した「メリットを直接得られる」というポジティブな表現。もうひとつは「デメリットを避けられる」というどちらかというとネガティブな表現です。

たとえば、**「この文章を読まないと異性に嫌われてしまいます」というのがネガティブなメリット表現です。**

ちなみに、多くの人はネガティブなメリット表現のほうに強く反応します。単純にメリットを得るよりも、本能的にリスク回避を優先したがるということでしょう。

表現方法に注意しながら、読者の興味を惹くメリットを提示する仕掛けを施していきましょう。

興味を惹かせるパワーワード

　読者に興味を惹かせる仕掛けはもうひとつあります。読者は広告に知りたい情報が書いてない場合や興味のある話題に触れられていない場合、かなり早い段階で読むことやめてしまいます。おそらく冒頭に書かれた見出しやリード文にさっと目を通しただけで判断するので、時間にしてわずか数秒です。そこで、導入部分に読者の興味をそそる「パワーワード」を仕掛けとして用意しましょう。ちなみに、パワーワードには2つの種類があります。

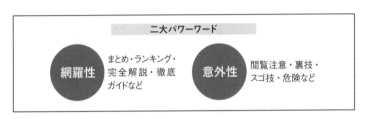

二大パワーワード

網羅性 まとめ・ランキング・完全解説・徹底ガイドなど

意外性 閲覧注意・裏技・スゴ技・危険など

　ただし、これらのパワーワードは読み手の全員が興味を持つというわけではありません。たとえば、「今、買うべき家電ランキング」という広告記事があっても、家電にまったく興味がない人であれば読み進めようとはしません。「注目の家電のスゴ技を教えます」という見出しも同様に、文章を読み進めてもらうには、それなりに興味を持っているかが重要です。

　とはいえ、パワーワードは多くの読者を惹き込む飾りであることは間違いないので、仕掛けとして覚えておきましょう。

ポイント

読者を惹きつけるには、読む「メリット」を提示したり、興味を抱かせたりする「パワーワード」を用意する。

読み手の心理を理解する

文章の信憑性を高めるには心理を知る必要がある

文章で何かを信じてもらう場合、読み手の心理を理解する必要があります。たいていの読者は、コピーライティングやセールスライティングの文章をう呑みにして、簡単には物品を購入することはないからです。そんなとき、読者の不安や疑っている心理を払しょくして文章の信憑性を高めるテクニックがあります。

1：「社会的証明」を利用する
2：「デメリット」も伝える

「社会的証明」とは客観的データのこと。人は流行や評判を判断材料にして、商品や店などを選択してしまいます。つまり「多数に選ばれる人気商品だ」と提示すれば注目度が高まるのです。**これは行動心理学で言う「バンドワゴン効果（※P218)」です。**

人気を証明する場合、第三者が開示したデータを使うと効果はより上がります。人というのは当事者よりも第三者を介した情報に信憑性を感じるからです。たとえば、第三者の発する「口コミ」「カスタマーレビュー」は、購買を判断する大きな説得力になります。**心理学ではこれを「ウィンザー効果（※P216)」と呼びます。**

デメリットは必ず伝えるべき

セールスのための文章の中で、あえて書いたほうがいいのが「デメリット」です。

人は商品や利用する店、サービスのデメリットを知りたいという心理を常に持っています。ですから、いい売り文句ばかりを書いた文章よりも、デメリットをぶっちゃけた文章のほうが、誠実で信用できる内容だととらえてもらえるのです。

「そんなことを書いたら、セールスできない」と思われがちですが、**これは心理学で言う「自己開示」の一種なのです。**

自己開示とは、自分に関する情報を隠さずに相手に伝えることです。趣味や生い立ち、過去の失敗談などを正直に話すと、自然と相手も心を開いて信頼性が増します。

自己開示は人と人とのコミュニケーションで重要な役割を果たしますが、文章の場合でも一緒です。コピーライティングやセールスライティングも売り手と客をつなげるコミュニケーションだと考えてください。デメリットを伝えても、それが許容範囲内であれば、客が売り手を信頼してくれるので購入や利用につながります。また、メリットだけを伝えると、逆にうさん臭く思われるものです。リピーターをつけるなら、誠実さが何よりです。

セールスにはメリットの猛アピールや強引な説得は必要ありません。まず読み手の心理を理解することが重要なのです。

ポイント

文章の読み手の心理をうまく使うために、「バンドワゴン効果」「ウィンザー効果」「自己開示」を利用しよう。

言い切ったほうが読み手は安心する

内容を断言した文章は
読み手の信用度を高める

　誰かに信用してほしい場合に、「〜だと思うんだけど」とか「〜かもしれないな」という、自信のなさそうなあいまいな表現は避けるものです。

　文章も同じで記事の信憑性を高めるには、文章の語尾を「断言」することで読み手が安心します。特に商品アピールのためのコピーライティングでは、断定しない文章は信用度が低く、保証のない書き手の個人的な感想としか受け取ってもらえません。これでは商品を売ることができないのです。

1：「このサプリメントを飲んで元気になったような気がします」
2：「このサプリメントを飲んで元気になりました」

　この2つの文、全然印象が違います。ただし注意しないといけないのは商品によっては、効果を断言したり、保証したりすることが禁止されているものもあるのです。健康食品や美容系商品などは「薬機法」で、効果を断言してはいけないと定められています。すると内容が弱くなりがちになるので、あくまで個人の体験談として、結果を言い切ることが大事になってきます。

読み手が持つ5つの疑問

　文章で人に信用してもらうには、書いている主張に「理由」を添えることも大事です。何かを信じるには、理由が必要なのです。

　商品を探している人、つまり文章の読み手は5つの疑問を持っています。この疑問に対して論理と理由を提示することが重要です。文章には必ず疑問への答えを入れましょう。

疑問1：なぜあなたから商品を買うのか？
→理由1：自分が長年研究してきたベテランだから（権威性）

疑問2：なぜ自分なのか？
→理由2：個人特有の事情や価値を考える（パーソナル性）

疑問3：なぜこの商品がいいのか？
→理由3：他製品と比べてコスパがいい（優位性）

疑問4：なぜ今なのか？
→理由4：この時期だけのキャンペーンだから（希少性）

疑問5：なぜこの値段なのか？
→理由5：お試しの特別価格だから（限定性）

　こうした回答を得られると、読み手は納得し、購買意欲をそそられていくのです。

ポイント
- -
文章だけで人から信用してもらうには、あやふやな言葉ではなく内容を断言し、その主張に論理と理由を添えることが大事。

ストーリー性があるほうが惹き込まれる

読み手の記憶を定着させる
コピーライティング

　商品やサービスを伝えるコピーライティングに興味を持たない読み手もいますが、そうした**内容を伝えにくい状況やモノを売りにくい相手に効果的なのが、「ストーリー性」を用いるという手法**です。これは伝えたい内容をストーリー形式で案内するというものになります。

　このストーリー性を用いるという手法であれば、コピーライティングを普段読まない相手でも、記事の内容に惹き込むことができます。

　モノやサービスを買ってもらったり興味を持ってもらったりするには、読み手の感情を動かすことが重要です。ストーリー性のある文章は、読み手の喜怒哀楽に訴えかけることで、感情移入を促します。

　また、**ストーリーは「記憶に残りやすい」という特性も持っています**。多くの人が子どもの頃に聞いた童話や昔話をすぐに思い出せるように、ストーリー性のあるコピーライティングは商品特性を理解し、覚えてもらいやすいのです。もちろん、そのためには没入感を生み出すストーリーを創作する必要があります。

3つの条件

　ストーリー性のあるコピーライティングを完成させるために
は、3つの条件があるので覚えておきましょう。

条件1　共感できるキャラクター

　まずストーリーの中に宣伝役となる主人公が必ず存在し、
しかも読み手の共感できるキャラクターになっていること。
読み手に没入感を与えるには、ストーリーという舞台で活
躍するキャラクターが必要不可欠です。また、キャラクター
はスーパーヒーローのような存在ではなく、あくまで読み
手が共感できるような設定であることが大切です。

条件2　王道のストーリー展開

　ストーリー展開では、主人公が困難に直面してどん底に
打ちひしがれて、何かをきっかけにその状況を乗り越えつ
つ、最終的には成功する流れがセオリーです。こうしたV字
型ストーリーは物語の基本であり、読み手に最高のカタル
シスを与えます。

条件3　美しいセールスの入れ込み

　最後に「ストーリーとセールスがきれいにつながる構成」
かどうかも重要です。商品やサービスを宣伝する物語です
から、2つがうまくつながってないと意味がありません。

ポイント --

ストーリー性のある記事は、商品を使う読み手に「感情移入」しても
らえて、「記憶に残りやすい」特性がある。

ストーリーは構成がポイントとなる

V字型ストーリーで
感情移入を促す

実際に、ストーリー構成を作ってみましょう。

> 1：主人公が日常からどん底に落ちる
> 2：どん底での生活とは？
> 3：成功をつかむ
> 4：成功の秘訣（ある商品の効果）を公開
> 5：商品から得られた利益、効能（ベネフィット）を公開
> 6：ストーリーの結果

この基本的な6段階で、簡単なサンプルを作ってみます。

> 1：いつも元気だった主人公が、二日酔いで体調を崩してしまう。どうやら飲み過ぎで肝臓の調子が悪くなり、疲れやすい体質になってしまったようだ。

> 2：万年疲労に陥った生活では、いつも体がだるい。仕事にも悪影響を及ぼし、精神的にもつらくなってきた。我慢するしかないのかと諦めかけた。

> 3：今では、主人公の体調は体を壊す前以上によくなって、健康的な生活を送っている。気力も充実し仕事でも大活躍。彼はどうして回復したのか――。

　3では成功、つまり復調した結果を語ります。どん底と成功の差を強調しましょう。しかし、まだ商品やサービスを提示してはいけません。読み手をV字型ストーリーで感情移入させ、興味を持ってもらうのです。そして4から商品案内がスタートします。

> 4：復調したのは〇〇というサプリメントを服用したから。〇〇は世界中で食べられている食品の成分を抽出した安全なもの。体を本来の健康な状態にすることもサポートする。

> 5：主人公の体が健康になると、体調や精神的な面も充実。活動的になったことで交友関係も広がり、運動もするようになった。毎日が充実している。

> 6：〇〇というサプリメントは、専門店や公式サイトで買うことができる。今なら購入の際にサービスを受けられる。

　注目すべきは5です。ここで魅力的なベネフィットを語れることができれば、6のアクセス情報をもとに、読み手のレスポンスが得られるようになるのです。

ポイント

基本に沿ったストーリー構成を作ると読み手の興味を引き、レスポンスが得られるようになる。

行動してもらうにはコツがある①

読み手が興味を持つのは
「自分がどうなるのか」の未来

セールスライティングやコピーライティングでは、読み手が最後まで読んでくれた場合でも、その先の行動、つまり購買や利用につながらないことがあります。文章内容を信じてくれても、最後の一歩を踏み出してもらうにはコツがあるのです。

まず記事に、何度も商品説明を書く必要はありません。**読み手が興味を持つのは商品そのものではなく、「自分がどうなるのか」なのです。**

運動ジムの勧誘広告の読み手は「ジムに入る」のが目的ではなく、「体を引き締めて健康になる」ことに興味を持っているのです。こうした潜在的な目的がベネフィットです。記事というのは必ずベネフィットを伝えて、読み手の未来がイメージできるような文章を書きましょう。

ただし、いろいろな文章テクニックを駆使しても、読み手の心の中では、商品やサービスへの疑問と不安が渦巻いています。**記事を読んで商品購入を考えるというのは、ハードルが高いのです。**

また、文章の中に読み手が自分の考えと行動を一致させたくなるような内容を意図的に盛り込み、悩みの代弁を積み重ねていくというのもポイントです。

　読み手の悩みをわかりやすく言語化すると、共感を引き出しやすくなります。購入を悩んでいる読み手というのは、悩みへの不安や疑問に対して共感を抱くと、その心理と矛盾しない自分の行動を選ぶようになっていきます。

　たとえば、まずは以下のコピーライティングではじめます。

・「最近、体重が増えていませんか？」→その通り。

・「生活には気をつけていますよね？」→ますます、その通り。

・「忙しくて定期的にジム通いはできませんよね」→これって自分のことを書いているんじゃない？

　悩みの代弁を積み重ねて共感を引き出したら、クロージングコピーに移ります。

「あなたの住まいの近くにもチェーン展開している、10分からできる運動ジムはこちら！」→10分というのはうれしいな。
「オンラインでフィットネス・トレーニング指導を配信。リアルタイムでコーチします！」→すごい、入会します！

　このように肝心の購入・利用の選択の前に共感を引き出しておくと、売り手の考えが伝わりやすくなり、商品やサービスが選ばれやすくなります。

ポイント
読み手の未来がイメージできるような文章で、悩みをわかりやすく言語化すると共感してもらえる。

行動してもらうにはコツがある②

読み手に行動してもらうには、ターゲットの絞り込みが大事

読み手が購入を迷うのは必要性に迫られていない場合です。そんなとき、読み手にすぐ行動してもらうコツがあります。

「買うのはもう少し考えてからにしよう」という状況は、「別にいつかでいいか」と同じなのです。そこで今買う理由づけを用意することが大切なのですが、そのためには商品やサービスの「希少性」や「限定性」をアピールするという手法を用いましょう。

希少性・限定性のコピー

・キャンペーン期間内特別価格

・数量限定、残りあとわずか

・季節限定商品

またWeb広告の場合、商品購入サイトに誘導しても、購入ボタンを押すことに躊躇することがあります。その際、購入フォームの周りに、最後の一押しとなる短いセールスコピー「マイクロコピー」を添えましょう。

「購入はここをクリック」という説明より、「返金保証アリ」「○月限定価格」「無料で登録可能」といった一言を入れたほうが成

約率は劇的に上がるのです。

　幅広い層に商品を買ってもらいたいのはやまやまですが、実際にそんなことは不可能です。老若男女を問わず誰にでも効くサプリメントや、世界中の人が楽しめる小説というセールスライティングは「そんなものはあるわけがない」と、誰も信じないでしょう。

　商品を売りたいのであれば、その商品を買いたい人・買いたそうな人に向けて、しっかりとターゲットを絞り込んだコピーライティングが必要不可欠です。

　たとえば法則30で触れた「デメリットを伝える」のと同じように、ターゲット外、つまりオススメできない人を最初から挙げてしまう方法もあります。

勉強法や学習塾をセールスしたい場合――。
「申し訳ございません。1週間で大学入試に合格したい人にはオススメできません」

　上記のようにオススメできない人をバッサリ切ることは、「デメリットを伝える」のと同じように、ネガティブな印象を与えながらもターゲットを絞り込んだセールスとして、記事の信憑性をつけ加えることができます。しかも、1週間で大学入試に合格したい人はほとんどいないでしょうから、オススメしないと謳ったところで売上に影響はほとんどありません。

> **ポイント** ··
> 行動してもらうにはターゲットを絞り込み、文章が自分に向けられていると感じさせる。

読まれる技術

- □ PREP法で情報を整理し、
  わかりやすい構成にする

- □ 読むメリットを提示し、
  パワーワードで興味を惹く

- □ 行動心理学を理解して、
  信頼できる文章を作る

- □ 効果を断言し、論理的に主張
  することで読者は納得する

- □ ストーリー性が読者を感情
  移入させ、購買へとつなげる

- □ ストーリーの構成を練って
  流れを作る

- □ 未来へのイメージと悩みの
  言語化で共感を引き出す

- □ 限定を売り込んで
  ターゲットを絞り込む

4
章

購買につなげる
レイアウトの法則

コピーライティングに必要な技術は、文章力やマーケティング
能力だけではありません。文字の大きさやフォント使いなど、
レイアウトにもこだわりを持つことが重要になります。

読みやすさに重点を置くこと

「レイアウト」や「装飾」が見やすいデザインにする

セールスライティングやコピーライティングの記事に求められるのは、**読み手のレスポンス、つまり反応を上げること**です。たくさんの反応を得るためには、見やすい「レイアウト」や「装飾」が重要になってきます。

レイアウトは、文章や図版、キャッチコピーといった情報を効果的に配置することです。装飾は、フォントの種類や色、文章の下に引くバック（地紋）などです。

レイアウトや装飾のポイントは3つ。

1：どうしても文章量が多くなるセールスライティング記事は、読みやすさを意識したレイアウトや装飾にします。

2：記事では、文章を意図した順序で読んでもらうレイアウトや装飾が求められます。

3：読み手の反応を得るため、記事の必読箇所へと誘導するレイアウトや装飾を作ります。

レイアウトや装飾は自己満足ではなく、**読み手と売り手をつなぎ、それぞれの利益を結びつけるための技術**なのです。

　レイアウトや装飾を考える場合、凝ってアーティスティックにする必要はありません。それは、むしろ自己満足の逆効果と言えます。

　身近な例では雑誌のデザインが手本になります。雑誌は、男性向けや女性向けといった区別から、対象年齢や読者の趣味嗜好などの住みわけがはっきりしていて、読者層に合わせた読みやすいレイアウト、装飾が施されています。記事内の文章量が多くても、読み手がストレスを感じないように、シンプルにデザインされているのです。自分が作ろうと思っているセールスライティングの記事にも、想定される読み手がいるはず。読者層が重なる雑誌を探して、見比べてみてはいかがでしょうか。**記事の配置だけでなく、どれくらいの情報量を入れられるか、どんな装飾が合っているのかも見えてきます。**

フォント使いの注意点

　記事を目立たせようと思って、見慣れないフォントや色を使うのはオススメできません。そうすると記事は目につきますが、内容は二の次になってしまうからです。普段から雑誌や新聞などで目にしている、明朝体やゴシック体を基本にすると読みやすくなります。フォントに色をつけるのも読みにくくなるので、強調部分にのみつけるようにします。

　読みやすい記事のデザインはシンプルなものです。**迷ったらシンプルな方向を選択**すると間違いありません。

> **ポイント**
> レイアウトや装飾は読みやすく、意図した順序で読まれ、必読箇所へ誘導するのが大事。できるだけシンプルな方向を選択する。

文章もレイアウトの構成要素

文章そのものを整え、デザインする

　読み手のレスポンスを上げるため、記事全体の配置をデザインするように、**文章自体もデザインすることができます**。どんなにいい文章も、読みにくいのでは意味がありません。文章を整えるにはいくつかのポイントがあります。

　文章の区切りや文末につける**句読点「、」や「。」は、記事を見やすくするための記号**です。

　長い形容詞の後の主語に読点「、」をつけると、主語をはっきりさせられます。

　「しかし」「また」「そして」といった接続詞の後に読点「、」をつけると、文章の意味が強調されます。

　漢字やひらがなが連続する場合や固有名詞が並ぶときは、読点で区切ると読みやすくなります。

　長文は読点で区切るより、句点「。」を使い文章を短くしてみましょう。句点「。」を打つ位置は、文章の中の鍵カッコや丸カッコでは外側に打つ、筆者名などのクレジットではカッコの前につける、などがあります。

　句読点「、」や「。」の使い方には正解や定型がありません。自分なりのスタイルを作ってみましょう。

　文章で書き手の感情や口語、思考など特殊な表現を表す記号があります。感嘆符「！」、疑問符「？」、口語を表す「」『』はよく使われますが、ほかにも言葉の途中や、絶句を表現する三点リーダー「……」、注釈につける米印やアスタリスク「※＊」があります。ただし、これらは文章のスパイスとしては有効ですが、**同じ記号を連続して使うと稚拙な印象**になるので注意が必要。たとえば「！」ばかり何度も使うと、とても軽薄に見えてしまいます。

ここのフランス料理はおいしい！　ほんとにおいしい‼
グルメな人も絶賛しています‼‼‼
本場のシェフが作っています！　今すぐ行こう‼

　これでは格調の高さは、いっさい感じられません。

　また文章に飾りをつけることで、内容の重要な部分を強調し、読み手の注目を集められます。太文字や赤文字、下線を引いた箇所などは目を引きますが、こうした装飾も使いすぎは見づらくなります。ほかにも強調したい文章を箱で囲む「囲み」、マンガのような「ふきだし」などの装飾も有効です。

　漢字とひらがなのバランスも大事。**「漢字３：ひらがな７」の割合が見やすい記事だと言われています**。雑誌などの誌面を見ると、簡単な漢字でもひらがなにしてあったり、難しい漢字の熟語は、片方が開いてあったりしているので参考にしてください。

　文章ができたら遠目に見て印象やバランスを考えてみましょう。

ポイント -

句読点、感嘆符や疑問符、下線や文字の色変え、「囲み」や「ふきだし」などの強調を意識し、文章自体もレイアウトしよう。

改行や空白などにも気を使う

行頭と行末をそろえ、
改行や余白を意識する

記事を読みやすくするには、全体のバランスを考えます。

文章の行頭と行末をそろえただけでも、とても整った記事に見えるはずです。行頭と行末がそろっていない文章は、一見目を引きますが、**読み手は一行ごとに視線を多く動かすことになり、ストレス**になるのです。

| そろっていないと読みにくい | この例文は行頭と行末がそろっていないせいで、かなり読みづらいものになっています。そろえたほうがいいでしょう。 |
| そろっていると読みやすい | この例文は行頭と行末がそろっているので、かなり読みやすい文章になっています。文章はそろえたほうがいいでしょう。 |

ただし、行頭と行末がそろっていない文章は目立つので、あえて短いリード文として使うこともあります。

記事を作成する場合、文章をそのまま掲載して、一行がヨコやタテに長すぎるレイアウトになってしまうことがあります。これではダラダラして見た目が悪く、読み手が目を動かす範囲も広くなってしまいます。

改行は読み手のストレス軽減になる

　記事の中に文字がギッチリ詰まっていると、読み手が離脱してしまいます。同じ内容でも、過密な文章は読みにくさを感じてしまうからです。

　そのときは**長く続いた文章を「改行」**してみましょう。

　改行は意識して使うと、大量の情報を小さなブロックに見せられ、効果的に文章のリズムを作ることができるのです。これだけでも読み手のストレスの軽減になります。

　書いている内容や主張が変わるときの句点「。」や感嘆符「！」、疑問符「？」のあとや会話文を挿入するときには、必ず改行しましょう。

　セールスライティングやコピーライティングで気にしなければならないのは読みやすさ。学校で習う改行のルールは、あまり気にしなくてもいいのです。

　ずらずら並べられた文章より、**意識して改行された文章は、余裕がある見た目**になるはずです。どんなに長くても4行ほどを目安に改行しましょう。

改行なし
この文章は改行がされていないため、かなり読みにくいものになっています。読みやすくするには、読み手のことをしっかり考えて改行をしたほうが読んでもらえるのではないでしょうか。

改行あり
この文章は改行されていてとても読みやすいです。 改行がされているだけで 読み手にやさしいのです。

ポイント

文章の行頭と行末をそろえ、改行や余白を意識する。文字の並びも記事を読みやすくする大事なレイアウトの要素。

画像は効果的に配置する

数秒で読み手の心をつかみ、興味を持たせる画像

　記事やWebページをながめたとき、数秒で読み手の心をつかみ興味を持たせることができるのは、文字ではなく効果的に配置された画像です。逆に言えば、**読んでほしい箇所に、目を引くようなインパクトの強い画像やキャッチコピー**を載せれば、記事を読んでもらうことができるわけです。

　文字だけの記事は真面目に見えますが、面倒くさそうな雰囲気も感じてしまいます。しかし文面に画像が入ると、一瞬でわかりやすそうな印象に変わります。ページをめくるたび、スクロールするたびに、目を引く画像を掲載するようにしましょう。

　このとき注意したいのは、もし画像とキャッチコピーを同時に載せる場合は、2つがなるべく被らないようにすること。もし一緒に載せる場合は、コピーの文字が読みやすい、独立した配置にするべきです。

　また画像の近くには短いテキスト「キャプション」を入れます。キャプションには画像の説明ではなく、セールスライティングへとつながる内容を書きましょう。

　画像で読み手の読む気を引き出し、**キャプションを通して記事の中身へと誘導する**のです。

　一枚の画像は、たくさんの情報のかたまりです。

　もし画像の内容を箇条書きで説明しようとすると、書面が何枚も必要になるほどです。そのうえ、特に文字や数字では表せない「印象」や「イメージ」といった感覚的な情報を伝えることに関しては、とても優れたメディアなのです。

　画像は、記事で紹介する商品やサービスが読み手の興味や生活に関係があることなのか、そうでないのかを、瞬間的に判断してもらういい材料になります。

画像は情報のかたまり

もうすぐ夏がくる！
お腹回りは大丈夫!?

夫婦で健康、
作りませんか？

参考画像／AC

ポイント

画像は読み手の視線を惹きつける。読み手にどんな印象を持ってほしいのかコンセプトを決めよう。

行と行の間隔は
バランスが大事

　記事の誌面やWebページを見たとき、中身の印象を決めるのが、行が並ぶ間隔「行間」です。**行間が狭いと詰め込み**すぎに思えて見にくくなりますが、反対に**広すぎても間延びした感じ**がします。

適切な行間	狭い行間	広い行間
行間が詰まると読みにくい。行間が広すぎても読みにくい。	行間が詰まると読みにくい。行間が広すぎても読みにくい。	行間が詰まると読みにくい。行間が広すぎても読みにくい。

　行間はフォントサイズによっても印象が変わるので、本文や見出しなど、使う場所によっていろいろ試してみることが大事です。

ポイント

行間が狭いと詰め込みすぎに思えて見にくくなる。反対に行間が広すぎても間延びした感じになる。

注目を集めるために
囲みを作る

セールスライティングの記事には、内容のポイントになる部分があります。そこを読んでもらいたいときには、**数行にまとめ、四角枠に入れた「囲み」**を作りましょう。読み手は枠内の囲みに目を引かれてしまいます。

「囲み」にすると効果的な文面は次のようなものです。

・箇条書き
・社会的な肩書や実績
・小見出し
・リード

こうした読み手の心理を応用して、トピックな短い文章を枠で囲んだのが「コラム記事」です。

ただし、**囲みが多すぎると読みづらくなって逆効果**ですので注意します。

ポイント

読み手が枠に囲まれた部分に注目してしまう心理を使い、どうしても読んでもらいたい部分を「四角枠」で囲む。

読み手の目の動き
「アイフロー」を意識する

セールスライティングの記事を意図したように読んでもらうには、読み手が慣れている自然な目の動き方**「アイフロー」に配慮してレイアウトを作っていく**ことが大切です。

アイフローは**基本的には「Z型」と「N型」**。これは文章の大半が、左から右に移動して下方向に進むヨコ書き方式か、上から下に移動して左に進むタテ書き方式に分けられるからです。書籍や書面、Webページを追う目の動きは、おおよその形でZ型とN型、または2つの合体型になると考えましょう。

たとえば日本のマンガも、逆Z型の動きでコマを追って進行します。アメリカンコミックはZ型。絵だけでなく、セリフのフキダシもアイフロー上に配置されています。Webページや新聞記事、広告などには、たくさんのZやNが発生し、タテ書き、ヨコ書きの見出しやリード文、文章が混在することがあります。どんな場合も、読み手を**最初に惹きつける画像やコピー、見出しはZやNの字を書く起点に配置**しましょう。

▌ ポイント

レイアウトはZ型とN型、その合体型を意識して配置。読み手の目を引きたい画像やコピーはZやNを書く起点からスタート。

頭の中を冷却する期間を置くと
文章を客観的に判断できる

　書き上がった文章を「仕上げる」には、単純に校正するだけでは足りません。自分の書いた文が、本当に意図した仕上がりかどうかを判断するために、**客観的に判断できるようになる時間を空けて**みましょう。文章を夜に書き上げたのなら、冷静に判断できるのは最低でも翌朝ではないでしょうか。

　一度、頭の中を冷却する期間を置くと、あれほど名文を書いたと思っていても、違和感がある部分やミスを発見できます。これは自分の文章を客観的に見られるからです。もっとチェックの効果を上げたいときには、さらに時間を空けます。

　もっとも提出期限という時間的な限界もありますが、最低限の冷静になれる期間は取っておきましょう。そして**数日にわたって複数回、目を通し、そのたびに修正**していきます。

　万が一、そんな時間がないという場合には、一度、散歩して気分を切り替えたり、風呂に入って頭の中をリセットしたりする方法もあります。いったん、別の仕事や作業をするのも有効です。

ポイント

自分の文章を冷静に判断できるのは最低でも翌朝。もっとチェックの効果を上げたいときには、さらに時間を空けてみる。

レイアウトの法則

- □ レイアウトや装飾を工夫して
  読みやすい記事にする

- □ 区切りや強調を意識し、文章
  自体のレイアウトも整える

- □ 改行で文章にリズムをつけ、
  空白でゆとりを持たせる

- □ コンセプトに合った画像で
  読者の興味を強く引く

- □ 行間は記事への印象を
  左右する

- □ 枠で囲まれた「囲み」に
  読者は目を引かれる

- □ 読者のアイフローに沿い、
  起点に画像や見出しを置く

- □ 書いた文章のチェックは
  時間を空けて行う

第 5 章

精読率を上げる
キャッチコピーの
作り方

モノやサービスの特徴や魅力を効果的に伝えるには、そして
しっかりと読んでもらうには、一体どのようなキャッチコピー
にしたらいいのでしょうか。本章ではその法則を探ります。

具体性をもたらす数字

数字は入れるだけで
正確性がアップする

　具体的で、情報の詳細が伝わってくるキャッチコピーは、人の気持ちを動かすものです。そこで大事な要素になるのは、P54でも紹介した「数字」です。**数字は文章を整理するだけではなく、具体性や正確性をアップさせる**役割も果たします。

1：前年比120％の売れ行きを記録！
2：前の年より売れ行きがアップした！

1：全国3000万人の愛好家がすすめる！
2：全国にたくさんいる愛好家が推薦！

　どちらの例文も、数字が入っている１のほうが具体的で、正確なような気がして目を引きます。

　また文章中に入った数字は、記号のような役割を果たすので、**読み手の注目を集めるアイキャッチ効果**があるのです。

　キャッチコピーに数字を入れることができる場合は、積極的に数字を使ってみましょう。

　では、実際にキャッチコピーを作ってみましょう。次のような

文章があります。

> **人気マンガがついにアニメ化**
> 現在、「月刊○○」で連載されている人気マンガ「キャッチ
> コピーマン」が、2024年夏にアニメ化されることが決定しました。
> 単行本の発行部数は1000万部、全国に5000万人のファンがい
> ると言われている作品だけに、高視聴率が予想されます！

　ここで出てきた具体的な数字は「2024年」「発行部数1000万部」
「5000万人のファン」です。
　この数字を使って読み手の目にとまるキャッチコピーを作って
みます。

> 　１：発行部数1000万部の人気マンガがアニメ化！
> 　２：2024年夏「キャッチコピーマン」ついにアニメ化！
> 　３：5000万人のファンが歓喜！　「キャッチコピーマン」つ
> いにアニメ化！

　それぞれ数字を入れることで、もとのキャッチコピーよりも、
どれくらい人気のあるマンガなのかが**具体的にわかる**ようになっ
ています。また**数字がアイキャッチの役割を担う**ので、読み手は、
ついコピーに注目してしまいます。
　キャッチコピーは具体的であるほど人の心を動かすのです。

ポイント
具体的な数字が入って、情報の詳細が伝わってくるキャッチコピーは
人の気持ちを動かす。

思わず答えたくなる質問型

キャッチコピーを
疑問形に変える

- -

　キャッチコピーは、自分の考えを率直に読み手に伝えることです。しかし読み手が文章を読んでいるだけだと、コピーの内容を自身の体験と比べたり、共感したりすることはありません。

　もし読み手に「参加」してほしいときは、**コピーの肯定文を疑問形に変えてみましょう**。読み手がついつい答えたくなる質問型のキャッチコピーを作るのです。

　たとえば——。

１：小学校の給食で好きだったメニュー
２：小学校で好きだったメニューは何でしたか？

　単調な文章の１は、読み手がスルーしてしまいますが、２のような質問型にすると、読み手は自分の思い出をたどりながら答えを考えはじめます。

　人間の脳は、何かを聞かれると反射的に答えを考えてしまう機能を持っているからです。もしキャッチコピーに困ったら、文章を**質問型に変換すると、読み手を考えさせ、参加してもらう双方向性が生まれる**のです。

　それでは質問型のキャッチコピーを作ってみましょう。どんな文章の要素も問いかけに変換でき、**読み手と対話している雰囲気を出す**ことができます。

　1：好きな食べ物

　2：誕生日の思い出

　3：ドライブを楽しくする方法

　4：身近なもので作るデザート

　5：ちょっとした工夫でできる節電

これらを質問型に変えていきます。

　1：あなたの好きな食べ物は何ですか？

　2：誕生日の思い出を教えてくれませんか？

　3：ドライブを楽しくする方法を知りたくありませんか？

　4：身近なもので作るデザートが人気って知ってた？

　5：ちょっとした工夫でできる節電対策をやってみませんか？

　文章の**一部の言い回しが質問になっていればいい**のです。たったそれだけで、読み手は文章の内容を自分と比べたり、共感したりするようになります。こうした手法はキャッチコピーだけでなく、記事の**文章中で使っても読み手を飽きさせることなく、誘導できる**のです。

　ポイント　- -

人は質問されると反射的に答えようとするもの。キャッチコピーを質問型にして、読み手を記事に参加させてみよう。

読み手が「自分のことだ」と考えてくれる書き方

キャッチコピーは、情報を伝えたい相手や商品を売りたい相手などのターゲットを特定してから作ります。

一部の情報に優先的に注意を払うことを「選択的注意」と呼びます。キャッチコピーでもターゲットを絞り込むと、記事の読み手は**「自分のことだ」と選択的注意を行う**ので、反応が得られやすくなるのです。

キャッチコピーを作るとき、多くの人に情報を伝えたいと考えてシニア向け、女性向け、男性向けなど、広いターゲットを設定することがあります。読み手はみんな、自分に必要な情報を受け取りたいと思っていますが、読み手全員に呼びかけると、選択的注意が行われなくなって、結局は誰にも聞いてもらえない事態になってしまいます。

またターゲットを絞ると商品やサービスの、どのポイントを紹介したらいいのかも見えてきて、情報が、より印象的に伝わります。

もし、いろいろなターゲットに伝えたい場合には、ひとつのキャッチコピーを多数に向けるのではなく、**絞り込んだコピーをターゲットの種類の数だけ用意**すべきです。

　ターゲットへの呼びかけは、**文章先頭に相手を特定する名称を入れる**だけです。

　1：格闘技ジム開設　生徒募集中
　2：初心者大歓迎！　格闘技ジム開設　生徒募集中

　1：セールスライティングには、書籍「キャッチコピー入門」を
　2：ベテラン営業マンも必携！　セールスライティングには、
　　　書籍「キャッチコピー入門」を

　1は、情報だけのコピーですが、2はターゲットを明確にして、自分のこととして受け取ってもらいやすくしています。

　1：小学生のお子さんがいる家庭に最適！　手洗いで簡単に
　　　手指消毒できる石鹸です
　2：健康診断でメタボ判定が出た中高年が注目！　1日10分
　　　でできるダイエット・エクササイズをレクチャー

　1は手間がかかる小学生いるご家庭がターゲット。「簡単に手指消毒」できるのがポイントです。2はメタボ判定が出た中高年が「1日10分でできるエクササイズ」できることがポイントです。**ターゲットが置かれた状況を理解すると、何を紹介すべきかが見えてくる**のです。

ポイント

ターゲットを狭く絞って呼びかけたものがキャッチコピー。するとターゲットに伝えるべき情報も見えてくる。

期待感を高める待望型

感情に訴えかけて
読み手の心情をあおる

- -

　自分が物を買うとき、どんな理由がありますか？

　前からほしかったから。急に必要になったから。毎年、この時期に買っているから。

　いろいろな理由が出てくるかもしれませんが、その**購入動機は周囲と自分を納得させるための、後づけ**なのかもしれません。とつぜん贅沢品を買ってしまって、「自分へのご褒美」と言い訳をする話はよく聞きます。もちろん悪いことではないのですが、たいていは後づけの理由で納得しているだけです。

　実は、物を買う本当の理由は、単純に「ほしいと思ったから」という衝動的な場合が少なくありません。感情をくすぐられるキャッチコピーやブランド力、商品の機能、デザインなどで買うことを決め、その後で自分を正当化する、買うための理由・論理を作ってしまうのです。

　こうした心理を利用して、論理ではなく感情に訴えかけるキャッチコピーを逆算して提示すれば、人は自然と、自分が物を買う理由を考えてくれるようになります。

　感情に訴えかけるコピーとは、読み手の期待感を高めるフレーズを使って作ります。

たとえば、待望型キャッチコピーはよく使われる例。**期待感の演出は、人の気持ちを動かす**典型的なコピーです。

「いよいよ野球シーズンです！」「ついにオリンピックが開幕します！」

これから訪れるイベントを盛り上げる表現として「いよいよ」「ついに」は典型的な演出ワードです。ほかにも「到来！」という表現もよく使われます。

「今度こそゲット！」「今しかありません」

「今度こそ」「今しか」も、かつて商品を買えなかった人や何らかの理由で購入を迷っている人に響く表現です。

時間に関するキャッチコピーは、セールスライティングの読み手にプレッシャーをかけ、納得させる理由になるのです。

「〇〇に最適」「〇〇も思いのまま」

「〇〇」というワードに引っ掛かりがある人は、「最適」「思いのまま」などの期待させる表現が、購入動機のきっかけになります。

読み手の感情に訴えるワードや表現で、購入動機を正当化する理由を作ってあげましょう。

ポイント

「いよいよ」「ついに」「今度こそ」「今しか」といったワードでの期待感の演出は、人の気持ちを動かす。

読み手に価値を
提供する

セールスライティング、コピーライティングの読み手が、商品やサービスの購入を迷っている場合は、その問題点を見つけ、**「解決策」を「提案」するのがキャッチコピーの役割**になります。

解決策は手段のこと、**提案は売り手が提示する商品やサービスの紹介**にあたります。

たとえば、「2時間、時間をつぶしたい」という問題を持っている人には「映画を見る」との解決策が挙げられます。

そして、読み手が、どんな得をするのかオススメの理由とともに「怪獣映画」や「ディズニー映画」といった作品を挙げるのが提案です。

「太りすぎ」という問題なら、「軽いスポーツをする」という解決策。そして理由とともにスポーツの種目「ウォーキング」「ストレッチ」を提案します。

このとき、華やかなだけの提案では「誇大広告」になってしまいます。

オススメ作品やスポーツの種目のどこが面白いのか、その要素を探し出して、読み手に訴えかけるのが提案型キャッチコピーの最重要ポイントなのです。

　提案型のキャッチコピーで有効なのが、これまでになかったベネフィット、**どんな「新しい得」があるのかを訴える**ことです。

　商品やサービスの特徴を並べるだけでなく、それを受けた場合に「これまでになかったような、どんないいことがあるのか」を紹介するのです。

　訴える要素には「独自性」や「優位性」もあります。これは同じようなサービス、商品を、ほかからではなく、なぜその売り手から買わなければならないかの理由です。

　企業と顧客の関係性を築くためにプレゼントキャンペーンなどが使われますが、必ずしも物品ではなく「面白い情報」を受け取っても有効です。

　こうした提案型のキャッチコピーを読み手が役立つ情報だと判断してくれた場合、そこに信頼関係が生まれます。

　何か役立つ情報を提案すると、読み手は何かをお返ししないといけないと考えるようになります。

　これは心理学で「返報性」と呼ばれる感情で、その後、新製品発売時の購入検討や新サービスを受けることへのハードルが下がっていくようになります。

　企業がメールマガジンや公式サイトなどで、新しい情報を訴え続けていくのは、読み手との関係を維持するだけでなく、営業上の戦略もあるのです。

　ただし提案型キャッチコピーは、読み手にとって価値のある、役立つものをチョイスしなければ意味がないので、意識しましょう。

ポイント

読み手は「新しい得」「独自性」「優位性」を受け入れると信頼関係ができ、購入やサービス享受へのハードルが下がっていく。

基本的なワードでも
読み手の注目を集められる

キャッチコピーでよく見られる「○○する方法」「○○の秘訣」というワードは、どこにでもある基本的なものです。でも、ありふれた言葉なのでスルーされることも少なくありません。ここで**大事なのは「何をする方法」なのか**です。

方法の内容の「どこを強調し、フォーカスするか」を考え、読み手に丁寧に教えてあげるように伝えるのが提示型のキャッチコピーです。

興味を惹く内容なら、基本的なワードでも読み手の注目を集めることができます。

「風邪を治す方法」や「風邪にならない秘訣」は、どこでも目にするコピーですが、「おいしいものを食べるだけで風邪を治す方法」や「1日10分の運動で風邪にならないようにする秘訣」だったら、面白そうだと考えてしまうものです。

「おいしいものを食べるだけ」や「1日10分の運動で」にフォーカスしているからです。

奇抜なものを作ろうと表現に凝るよりも、「○○する方法」「○○の秘訣」のような、ありふれたコピーでも、訴える内容を面白く演出すれば商品やサービスの内容を提示することができるのです。

　提示型のキャッチコピーの発展形を見てみましょう。

　単純な「○○する方法」は、数字を入れることでリアリティやゲーム的な面白さを増すことができます。

　最初に限定的な数字を入れることで、読み手に先の見通しを立たせて、安心させる効果もあります。ちなみにマーケティングでよく言われるのが、**奇数の数字のほうが興味を持ってもらえる**との法則でしょう。

> 「異性にモテる7つの方法」
> 「営業成績を達成する3つのやり方」

　ここに「かしこい方法」「うまいやり方」という形容詞をつけると、もう少し高度な方法があると伝えることができます。

　自分の知らない使い方を提示するコピーが「活用法」「活用術」です。単なる「使い方」よりも「活用法」のほうが具体的で、方法論がしっかりしているような印象を伝えられます。さらに「活用術」になると、高いテクニックを感じさせられます。

> 「誰も教えてくれなかったスマホ活用法」
> 「100円ショップでそろえるキッチングッズ活用術」

　提示型のキャッチコピーは、**シンプルなものでも読み手にさまざまなことを教えてあげられる**のです。

ポイント

表現に凝るのではなく、ありふれたコピーでも、訴える内容を面白くすれば商品やサービスの内容を提示することができる。

親身な印象を与える寄り添い型

読み手に信用してもらい、悩みから解放できると思わせる

強い欲求がある読み手は、悩みを持っています。

そうした**悩みには、キャッチコピーを通じて寄り添って**あげられると親身な印象になるでしょう。寄り添うとは、読み手の立場に共感したり、励ましたりすることです。

現実の人付き合いでも、自分に理解を示してくれた相手に好感を持つ場合は多いはず。キャッチコピーの場合でも、読み手に好感を持ってもらって、悩みから解放できると感じてもらえばいいのです。

そのためにも広告のターゲットでもある、悩んでいる読み手をしっかりとイメージしましょう。

> 「足腰が痛む方へ！　このサプリメントが最適です」

コピーのターゲットは足腰の弱った高齢者でしょうか。膝関節や腰の痛みは、お年寄り特有の悩みです。その悩みに寄り添って、痛みを解決したいとの欲求を理解しましょう。**ターゲットは「悩みをわかってもらえた」と安心する**はずです。

このコピーに、どんな寄り添いの一文を加えるべきでしょうか。

こんな例はいかがでしょうか。悩みを理解し、その解決法を提示したコピーです。

1：「高年齢になると、誰もが経験する足腰の痛み。でも大丈夫！　このサプリメントが最適です」

2：「足腰が痛むと仕事がはかどらないものですね……誰を頼ればいいの？　このサプリメントが最適です」

1は高齢者全般に向けたもの。2はまだ働いている世代に向けたコピーです。ターゲットが見えたら、どんな寄り添い方をしたら振り向いてもらえるかを考えましょう。

人は自分と共通点があることを見つけると、相手に親近感を覚えます。同じ学校の卒業だったり、同郷だったりすると、先輩後輩の間柄になって急に親しくなる場合があります。これが**心理学でいう「類似性の法則」**です。

この類似性も、寄り添いの一種。2では、自分も足腰の辛さを知っているとのニュアンスで類似性を伝え、**親近感を感じてもらいながら情報で励ます**わけです。

読み手の悩みに共感して寄り添い、商品やサービスに興味を持ってもらえれば、キャッチコピーは成功と言えるでしょう。親身になって寄り添うことは、**セールスライティングやコピーライティングの強い武器になる**のです。

ポイント -
キャッチコピーを通じて寄り添い、読み手の立場に共感して、情報によって励ます。

逆張りで注目を集める否定型

世の中の常識を逆手にとると読み手は「エッ!?」と驚く

近年では、不道徳な書き込みをして、Webページで注目を集めようとする炎上ビジネスがたびたび話題になっています。

実は、似て非なるものですが、セールスライティングのキャッチコピーにも、**「一般的な常識」や「当然と思われていること」とは逆張りをする**、否定型キャッチコピーがあるのです。

世の中の常識とは逆張りの意見を表明すると、読み手を「エッ!?」と驚かせることができます。**自分が今まで正しいと思い込んでいたルールを頭から否定**されるからです。

こうしたインパクトを利用したのが、否定型キャッチコピーなのです。

ただし、常識の逆張りは簡単ですが、根拠や論理もなく使ったのでは逆効果。短絡的な炎上ビジネスと変わりがありません。その先に書かれたセールスライティングを最後まで読めば、否定したコピーの意味がはっきりとわかるようにしないといけません。**否定型キャッチコピーは、タネ明かしまでを対と考えて**全体を作るようにします。

この方法は、コピーの主張を、さらに明確に深堀りする効果もあるフォーマットです。

否定型では「神戸女学院大学」の宣伝コピーが有名です。

「女は大学に行くな、」（2018年4月）

女子大学が女子学生教育を否定する出だしでギョッとしますが
コピーはこのあと「という時代があった。」と続きます。苦難の
時代を経て現在の「決してあたりまえではない幸福を、どうか忘
れずに。たいせつに。」としめくくります。

同じように冒頭の肯定と否定の例を挙げてみます。

「大学教授は頭がいい」 ⇔ 「大学教授は無知だ」
「おいしい料理を出せ」 ⇔ 「おいしい料理を出すな」
「勝つことが大事」 ⇔ 「負けることが大事」

否定型だとインパクトがあり、読み手を考えさせる効果も生ま
れます。そして**読み進めると否定した理由がわかる**のです。

「だから毎日研究を続けているのだ」
「残業をやめて早く家に帰りたくなるから」
「負けることで学ぶこともたくさんある」

どんな否定型がいいのか**読み手の立場を意識**し考えましょう。

ポイント

- -
「常識」や「当然」に逆張りをすると読み手を驚かせることができるが、
タネ明かしまでを対と考えて作る。

あえて伏字で気を引くチラ見せ型

肝心の情報が見えない
チラ見せで興味を刺激する

　面白いキャッチコピーとしては、**情報の一部を隠し、すべてを見せないというチラ見せ型**があります。肝心のところが見えないので、「隠されているところを知りたい」「先が見たい」と、読み**手の好奇心や興味を刺激するフォーマット**です。

　紙媒体でも袋とじの付録やTV番組のモザイク処理された出演者の顔などが気になって仕方がないことがあります。

　セールスライティングの場合は、チラ見せで、文章の一部分を○○と伏字にして、読み手の「全体を見たい」という気持ちを引き出すのです。

　いったんは普通のコピーライティングを作ってみて、それでもしっくりいかなかったら、出来上がっている文章の一部を「○○」と伏字にしてみましょう。

　すると、読み手が自然と隠れているところを知りたくなるチラ見せ型キャッチコピーになります。

　ただし伏字が多すぎると、何の記事なのかわからなくなり、何も伝わらなくなるので要注意。チラ見せ型のキャッチコピーでは、**どの情報を隠すか、どれくらいの分量を隠すかがとても重要**になってきます。

チラ見せは**伏字の位置や数で印象が変わります。**

> 1：1日、1時間の学習で、〇〇がペラペラに！
>
> 2：1日、〇時間の学習で、英語がペラペラに！
>
> 3：1日、〇時間の〇〇で、〇〇がペラペラに！

　1や2は目を引きます。1はどんな言語がしゃべれるのか、語学に興味のある人にとって効果的。2はタイムパフォーマンスを重視する人向けのコピーと言えます。3は極端な例ですが、伏字が多すぎて、何を言いたいのかわかりません。**伏字は一か所だけにとどめ、どこを隠すと効果的かを考えましょう。**

　普通のコピーを、チラ見せ型に変換してみます。

> 1：わたしはこの勉強法で希望大学に合格→わたしはこの勉強法で〇〇大学に合格
>
> 2：1日10分の散歩で腰痛改善→1日〇分の散歩で腰痛改善
>
> 3：スマホアプリを使う究極の節税対策→スマホ〇〇〇を使う究極の節税対策

　1は受験生や保護者向け。どんな勉強法で、どこの大学に行った体験者がいるのか気になるコピー。2は腰痛に悩んでいる人に効果的。普通の散歩と違う方法があるのか確かめたくなります。3はスマホの〇〇〇はどんな機能？　と思わせる効果があります。

ポイント
- -
チラ見せ型キャッチコピーは位置や数で印象が変わる。伏字は一カ所だけにとどめ、どこを隠すと効果的かを考える。

今っぽい印象のコピーは
受け入れられやすい

そのときの時事や流行語を取り入れたトレンド型キャッチコピーを作ると、**使うワードの認知度も高いので、注目度が高くなります。**時事や流行語は特定の年齢層を中心に流行るので、キャッチコピーのターゲットも定めやすくなります。

2023年の「新語・流行語大賞」を見てみましょう。年間大賞は、プロ野球で日本一に輝いた阪神の岡田彰布監督が優勝を表現した「アレ（A.R.E.）」。トップテンには、世界的な異常気象を受けた「地球沸騰化」、SNSで募集されて犯罪に加担する「闇バイト」、IT関連では「生成AI」、好意を持つ相手が急に嫌いになる「蛙化現象」などなど、誰でも知っている言葉が並んでいます。

こうした言葉をピックアップして作ったコピーには、タイムリーな面白さがあります。

逆にコピーを作る時期と、発表する時期に時間的なズレが発生する場合は注意しなければいけません。**タイミングを逃してしまうと、古臭さを感じさせてしまう**こともあるからです。

ただし流行語の賞味期限は短いのですが、時事関連語は環境問題やSDGｓなど、継続的に話題になっていくものもあります。そこはしっかり見極めましょう。

　トレンド型のキャッチコピーを作るときには、誰に向けて発信される情報なのかを考慮しなければなりません。若者向けのトレンド語を使う場合、読み手が若者層か、サラリーマン層かでコピーの作り方は変わってきます。

　「JC・JK流行語大賞2023」を見ると、1位「ひき肉です」、3位「なぁぜなぁぜ」、5位「不気味の谷」など、高年齢層には何となくしか聞いたことがない言葉がランキングしています。「ひき肉です」は中学生YouTuberのちょんまげ小僧の挨拶。「なぁぜなぁぜ」はTikTokから火がついた「面白さを保ちながら疑問を伝える」言葉。「不気味の谷」は人型のロボットなどの見た目に抱く嫌悪感・恐怖感などの心理現象です。

　若者向けの流行語を中高年向けコピーに使っても違和感が出ます。読み手が若者向けの流行語の意味を知っているかどうかは重要だからです。反対にそのギャップを利用する手もあります。

「『ひき肉です』と挨拶され世代間の情報共有の大事さを知る」
「『なぁぜなぁぜ』と聞かれて知る新入社員の」
「むかし、オフィスにパソコンが導入されたときも『不気味の谷』を感じた」

　トレンド型キャッチコピーを作るときは、使う流行語だけでなく、読み手を具体的にイメージすることが重要になってくるのです。

ポイント

トレンド型コピーは、タイミングを逃すと古臭くなってしまう。また読み手が流行語の意味を知っているかどうかも大事。

斬新な印象をつける新感覚型

新しさを出すと
人目を引く

オススメのサービスや商品の**「新しさ」を強調するのが新感覚型キャッチコピー**です。

読み手は新しいもの、これまでとは違った新しい商品や今までとは違った状況に興味を示します。

人間は初体験には心が動くけれど、それに慣れてくると次第につまらなく思えてくるものです。馴染みの定食屋さんよりも、新しく開店したレストランに気を惹かれてしまいます。

会社の仕事もマンネリになってくると、新入社員時代と違って面白みを感じなくなることが少なくありません。

動物は周囲の環境の変化に敏感で、常に自分の身が安全かどうかを確認しています。こうした不安感が、やがて進化した人間の好奇心につながっているのです。新しいことを知りたいとの**好奇心は、不安を解消する行動**なのです。

世に出回っている商品がパッケージを変えたり、リニューアルしたりするのは、つまらない商品と思われてしまうことを避けようと慣れてきた形を一掃するためです。

その商品の**斬新な印象を紹介し、読み手の好奇心を刺激するのが**新感覚型キャッチコピーです。

　新感覚型キャッチコピーは、さまざまな場面で使えます。

　新商品やサービスがリニューアルされたときには「新登場」や「新発売」といった表現が使えます。人気のアニメや映画作品のパロディ的に、商品の頭に「シン」とつけるお遊びもあるようです。

　また「新しい」との表現には、どんな商品やサービスにもつけられる自由さがあります。

「デザインが変わって新登場」
「完全リニューアルして新発売」
「新しい教育法」

　商品内容に新しい成分が入ったり、新サービスが追加されたりしたら「進化」と表現できます。

　これまでにない独自性を持つ商品なら、「画期的」や「先取り」がよく使われます。

「進化したサプリメント」
「画期的性能を持ったクルマ」
「時代を先取りした機能」

　しかし、新感覚型キャッチコピーを使えるのは、**商品やサービスが本当に新しくなったときのみ**で誇大広告にならないよう注意しましょう。

■ ポイント ┄┄┄┄┄┄┄┄┄┄┄┄┄┄┄┄┄┄┄┄┄┄┄┄┄┄┄┄┄┄┄┄┄┄┄┄
商品の「新しさ」を強調することで、斬新な印象で読み手の好奇心を刺激する。

ポジティブな人に届く幸福追求型

商品を使った未来の姿を
イメージさせることができる

インターネットを使って商品やサービスを検索、閲覧している読み手は、幸福を追求しているポジティブな人と言えるでしょう。その人に幸福への道筋をイメージさせることができるのが、幸福追求型キャッチコピーです。

> 1：いろんな栄養がとれるカレー
> 2：食卓が異国気分に！　いろんな栄養がとれるカレー

2つは同じ商品をアピールするためのコピーですが、2は商品を使うとどうなるかというイメージも伝えています。

スパイスが効いた本格派カレーを食べると、外国にいる気分になれる……そんなワクワクさせるコピーです。

インターネットを使っている人は、「○○がほしい」という具体的な欲求がある場合もあれば、「何となく、こんな風になりたい」というようなイメージだけの場合もあります。

そんな漠然とした欲求の人には、商品の機能や特徴を紹介するのではなく、それを**使った場合の未来の姿をイメージ**してもらうのが効果的です。

インターネットを使っている読み手は強い欲求を持っています。それが「こんな風になりたい」というイメージだけの場合は、キャッチコピーを通じて、**自分のポジティブな将来の姿を考えてもらう**のです。

１：10分でできる本格派シチュー

→**食べると体も心も温まる、10分でできる本格派シチュー**

２：本物そっくりの車のプラモデル

→**組み立てると内部構造がわかるようになる！　本物そっくりの車のプラモデル**

１は、シチューの味を紹介するだけではなく、食べたあとの心の満足度も伝えています。本格的なシチューを手軽に作れるうえ、食べたあとは心身ともに満たされたいという単身者向けのコピーでしょうか。

２は、プラモデルの外側を楽しむだけでなく、内部構造も詳しく知ることができるというカーマニア向けのコピーです。商品が単なるおもちゃではなく、凝った内容であることを伝えているのです。

ターゲットが何を望んでいるかをつかめていれば、どんなポジティブな未来を伝えれば共感してもらえるのかも見えてきます。幸福追求型キャッチコピーで**「もっと幸せになりたい」という欲求を高めてあげる**のです。

ポイント

商品の機能や特徴を紹介するのではなく、自分の未来を考えてもらう幸福追求型キャッチコピーは、ポジティブな人に届く。

感覚的な表現が
想像力をかき立てる

商品のよさを人に伝えるのは、とても難しい作業です。セールスライティングでも、文字だけを使って商品アピールをするのは至難の業。そこで読み手の想像力をかき立てるイメージ膨張型のキャッチコピーを作ってみましょう。

バラエティ番組を見ているとよく「食レポ」というコーナーがあります。タレントなどが飲食店を訪れ、看板メニューのおいしさを言葉で表現する内容です。中には「おいしい！」だけで何も伝わらないタレントもいますが、誰もが知っているような感覚を例に出して視聴者に味をわかりやすく伝える、食レポが上手なタレントもいて驚かされます。

イメージ膨張型キャッチコピーも同じで、**読み手の記憶の中から重要なイメージを引き出して五感を刺激する**のです。

心理学の「メラビアンの法則」は、情報を聞く人が相手から受け取る情報は、視覚情報55％、聴覚情報38％、言語情報7％だとしています。もちろんセールスライティングでも視覚情報、聴覚情報を併用するにこしたことはありませんが、イメージ膨張型キャッチコピーならメディアの制限なしに、**読み手の視覚、聴覚の記憶を最大限に引き出す**ことができるのです。

イメージ膨張型で、読み手の記憶に訴えかけるのが「覚えていますか」「想像してください」という投げかけです。読み手は記憶の中から似た場面を引き出し、自分と重ね合わせるはずです。

「覚えていますか、入学式のことを」
「想像してください、自分が優勝台に上がっている場面を」

「まるで○○」「○○のように」は具体例を出すコピーです。読み手の頭の中に具体的で鮮明なイメージが広がります。このとき抽象的、希少的な例を挙げると意味がないので注意しましょう。

「まるで高級レストランのような味わい」
「戦場のように激しい職場だ」

「ガッツリと」「シャキッと」「ふわっと」など感覚を呼び起こすオノマトペ的ワードは、意外といろいろな場面で使えます。

「ガッツリとした味わい」
「シャキッと早起きする朝」
「ふわっとした優しさ」

イメージ膨張型キャッチコピーは、さまざまな読み手の想像力をかき立てることができるのです。

ポイント

読み手の記憶から似た場面を引き出し、想像力をかき立てるので、抽象的、希少的な例を挙げなくていい。

影響力を味方につける権威型

権威者の名前や
言葉を使って信用度を上げる

どんなに素晴らしいキャッチコピーを並べても、読み手から信頼を得るのは簡単ではありません。

ところが、ある方法で読み手の注目を集めることができます。売り手の主張だけではなく**「第三者の意見」、つまり権威型のキャッチコピーを入れる**のです。

人間が相手の話を受け入れる場合、話の内容だけでなく、誰に言われるのかを判断材料にしています。その**第三者が商品やサービスの権威者であることが重要です**。そのほうが信用度が格段に上がるのです。

サプリメントの宣伝で医学者が効能をアピールしたり、食品の宣伝で著名なレストランのシェフがおいしさを語ったりするのを読めば、商品がほしくなってしまいます。

権威主義と言えばイメージは悪いのですが、彼らの**一言が保証書代わりになる**のですから当然でしょう。

また専門家ではなくても、「○○さんも愛用」「○○さん御用達」というふうに、芸能人やスポーツ選手が使っているという表現もよく見かけます。これも保証度の高い権威型キャッチコピーのバリエーションです。

権威型キャッチコピーにもたくさんの種類があります。

「〇〇公認」「〇〇認定」「〇〇公式」

こういった権威づけのコピーは日常でもよく目にしますが、認定元の会社や団体が**世間的に知られていれば、信用度はますます上がるでしょう。**

「専門家が必ずする〇〇」
「専門家が選ぶ〇〇」

専門家、プロフェッショナルも認めている秘密、秘訣があり、その習慣、嗜好を知れば、読み手も同じような利益を得られるとのワクワク感を誘います。**専門家の名前を明らかにするとより効果的**です。

「〇〇が知っている」
「〇〇が教える」

これもオーソドックスなコピーです。権威的立場の人間が秘密を明かすことでメンターとなり、カリスマ性を得られるという王道の表現です。**権威者から権威を借りる**ことで、キャッチコピーの影響力、信用度を上げましょう。

ポイント

コピーの中に、権威者の意見を入れることで信用度を上げましょう。その一言が保証書代わりになります。

お得感を与えるコスパ重視型

費用対効果で
読み手の気を惹く

- -

　「苦労は買ってでもしろ」というのは一昔前のコピー。読み手は、同じ努力をするなら、無駄な遠回りをするよりも**お得感のある効率的な方法を選びます**。今では、効率よく結果を出すコストパフォーマンス重視型のキャッチコピーがあたりまえです。

　人間はどんなコスパのよさを重視するのでしょうか。「時短」や「経済性」「精神的ストレスがない」など、費用対効果が高い**ローリスク・ハイリターンは重要**です。労力を惜しまずコツコツやることは美徳でもありますが、コストが高くてリターンが少ないものには誰も注目しません。

　身近なところでは、「簡単に高級レストランの味を再現できる！」という冷凍食品が人気なのはいい例です。

　「一冊の本を1時間で読める」という速読法のノウハウ本が売れるのも同じ理屈です。

　1000円で2000円分の価値が得られる、1年かかるところを3カ月の勉強で習得できるなど、**労力が節約でき最大限の効果がある効率性をアピール**しましょう。

　コスパ重視型のキャッチコピーは、手軽に「お得」を得られることを伝えるのがポイントなのです。

「時間」のお得感を打ち出したコピーは、読み手の心に響きます。

> 「わずか〇分でOK」
> 「１日たった〇分のダイエット法」

これまで長時間かかっていた、わずらわしい手間を省略できる商品やサービスは、効率性を訴える代表的なものです。かかる**短い時間をはっきりさせると、より好奇心を刺激する**ことができます。TV番組の「３分クッキング」などは好例です。

お得感は時間以外の、さまざまなジャンルでも読み手のイメージに訴えかけることができます。

> 「半分の手間で」「半分の費用で」

省略できるコストに明確な基準はありませんが、手間や費用も「半分」と言われると、とても魅力的に感じます。

> 「最短で」「最短時間で」

コストにはいろいろな考え方がありますが、「最短」というコピーは、迷っている読み手に選択肢はひとつしかないと訴えます。

コスパ重視型コピーは、**読み手のお得感を刺激するマジックワード**なのです。

ポイント
- -
読み手は、費用対効果が高いローリスク・ハイリターンの、お得感を重視する。

読み手をほっとさせる安堵型

リスクを取り除き、
購入を後押しする

　人は新しいものを買うよりも、自分の持っているものを失うほうに２倍のリスクを感じるそうです。

　ある実験では、自分の持つコレクションを手放した値段と、それを買おうとする人が提示する値段の差は約２倍もあったと報告されています。これは行動経済学で「損失回避性」と呼ばれています。

　つまり、**人は損をしたくないとの感情がとても強い**ものです。その際、有効なのか読み手をほっとさせる安堵型キャッチコピーです。

　逆手に考えれば、買おうとする人に**「損をすることはない」とコピーで訴えることができれば、購入に対しての不安を払しょく**し、購入の後押しになるわけです。

　家電製品などで、必要な機能が感じられないときの「返金保証」や、故障や破損などのときの「保証書」は典型的な例と言えるでしょう。一定期間、買い手のリスクを売り手が被る「保証」システムがあると、いろいろな商品売買の成約率を高めることができるのです。

　近年、安堵型のキャッチコピーが通販でよく使われています。

> 「初回、ご注文に限り半額」
> 「結果が出なければ代金はいただきません」
> 「返品時の送料も負担します」

　市場を広げている通販などは**対面販売ではないので、読み手はよりリスクを感じ**ています。そこで購入の最初のハードルを越えさせるため、こうしたリスクリバーサルの手法を取り入れるのです。中には代金を後払い方式にしている企業もあります。一方、リアル店舗でも「最低価格保証」という、他店と比べて最も安い値段を約束する企業もあります。こうしたシステムを採用したコピーで、利用**初心者と信頼関係を作り、リピーターへと誘導していく**のです。

> 「絶対もらえる」
> 「今なら同じものがもうひとつつきます」

　購入特典でも抽選方式のプレゼントは、ほとんど当たる可能性がないと読み手は知っています。そこで「必ず」当たるキャンペーンを実施して信頼を高めるのです。新しい商品やサービスを利用するときは、どんなに額が安くても不安が発生します。読み手をいかにほっとさせるかが安堵型コピーの重要ポイントです。

ポイント

「損をすることはない」と購入に対しての不安を払しょくし、読み手との信頼関係を作ります。

精読率を上げるキャッチコピー

- ☐ 数字が入ると正確さが増すうえ、読者の目を引きやすい
- ☐ 問いかける文章で、読者に話題への参加を促す
- ☐ 多数ではなく、個々に向けたキャッチコピーにする
- ☐ 期待感を演出して行動へのきっかけを作る
- ☐ 役立つ情報を提案して信頼を得ることが結果につながる
- ☐ キャッチコピーは凝った表現よりも訴える内容が大切
- ☐ 悩みに寄り添って共感や親近感を獲得する
- ☐ 常識の逆を行くキャッチコピーで注目度を高める
- ☐ 一部を伏せ字に変えて、読み手の好奇心をあおる
- ☐ 流行語を使う際は、タイミングと読者層に注意する
- ☐ 新しさや斬新さを強調し、興味を抱かせる
- ☐ ポジティブな未来の姿を想像させ、欲求を高める
- ☐ 五感を刺激する表現で読み手の想像をふくらませる
- ☐ 権威者の意見を入れることで信用度が高まる
- ☐ コスパのよさやお得感を読み手は重視する
- ☐ 損しないことを伝えて不安を払しょくし、安心させる

第 **6** 章

デジタル時代の
コピーライティング

ひと昔前、コピーライティングの主戦場は紙媒体でしたが、現代では Web 媒体が中心となっています。本章では、そんなデジタル社会ならではのコピーライティングについて解説します。

メルマガは今でも使えるセールスツール

メールライティングを心得て主体的にアプローチする

自発的にアプローチできるメルマガ

ネット上のセールスツールには「プル型」と「プッシュ型」があります。「プル型」は相手が見に来なければ見てもらえないツールで、ホームページやブログ、YouTube、SNSなどが挙げられ、ネット広告もこれに該当します。

一方、「プッシュ型」は相手に直接送ることができるツールです。メールやLINE、Facebook、メッセンジャーが、それに該当します。

最近はプル型のSNSやYouTubeによるネット広告が多く見られますが、これらの拡散率はフォロワー数次第であったり、SNS運営側に委ねられるため自身でコントロールすることはできません。

それを踏まえるとコンタクトしたいタイミングで自発的にアプローチできるプッシュ型はセールスツールとして非常に有効です。

LINEはコミュニケーションツールとして昨今広まっていますが、ブロックされやすい点で注意が必要であり、またサービス利用の際に登録するのはメールアドレスのほうがいまだに多く、獲

得しやすい。そういった点でもメールでのアプローチ、すなわち**メルマガがセールスツールとして現在においても有効である**ということです。

読んでもらうためにはタイトルが要

受け取ってほしい相手にダイレクトにメールを送れたはいいが、それを開封して読んでくれるかどうかはその人次第です。とくに、**タイトルのつけ方が開封率を大きく左右します**。タイトルを見て、読んでみたいと思うような興味を惹くものであれば開封されるでしょうし、そうでなければ読まれずに削除されてしまうでしょう。「○○会社より○○情報」といった、毎回同じようなタイトルは興味を惹くことが難しいため開封されづらい例だと言えます。反対に**読まれやすいものはタイトルだけ見て内容が明瞭なものです。興味のある人はメルマガを開いてくれますし、反応率も高くなります**。

読んでもらいやすい見た目を意識する

メルマガの文章や形式は自由ですが、受信対象者に合わせて「です・ます調」にしたり、プライベートの時間に読まれるような内容であれば、あまり堅苦しくならないようライトな文章を心がけるなど、工夫するといいでしょう。文章量は800〜1000文字が適切だという記載もありますが、**メルマガ受信者に合わせるのが正解**です。

ポイント

簡単に配信できるメルマガは、毎回の配信で解除方法を明記し、いつでも解除できるようなユーザーへの配慮も大切。

配信を続けていくことが
成果につながる一番の近道

タイトルでメルマガを読む価値を伝える

　どんなに有益な情報であっても、読んでもらわないことには、それは読み手には伝わりません。いくら一生懸命メルマガを書いても、開封されなければ、かけた労力は水の泡です。とりわけ昨今は情報過多の時代です。あまりにも多くの情報があふれる中、自分にとって必要な情報を拾い上げるのも一苦労。そのため、いかに有益な情報であっても、読んでみようと思えるタイトルでなければ開封されずに埋もれてしまうことも多々あるでしょう。

　ですから、**本文に何が書いてあるのかをタイトルで明確に伝え、情報を必要とする人に読む価値があることを一目瞭然にする**ことが大切です。これこそメルマガが読まれる秘訣です。

開封率をアップさせるタイトルのつけ方

1 本文に何が書いてあるのかを明確にする

2 この情報が何の役に立つのかを伝える

3 情報を必要とする人に読む価値があることを周知させる

毎週定期的に目に入るようにする

　読みたくなるタイトルや、メルマガの質を上げることも重要ですが、メルマガで成果を出すには、**配信を続けることが何よりも大切です。できれば毎週定期的に配信していきましょう。**

　心理学では、**繰り返し接することで好意度や印象が高まる人の心理効果として「ザイオンス効果（※P221）」**というものがありますが、メルマガにおいてもこの効果を活用することができます。たとえ送付したメルマガが開封されなくても、会社名や差出人名が目に入れば単純接触したことになります。これが毎週繰り返されれば名前を覚えてもらえる確率が上がり、メルマガを継続させていくことでよく会う人のようになれるのです。

　知らない人から勧誘されるよりも、よく会う人からのお誘いのほうが好感度は高いものです。定期的な配信によってよく会う人になり、好感度がアップすればメルマガを読んでみようという気持ちにもなりますし、セールスにもつながりやすくなるのです。

ザイオンス効果を使って高感度アップ
定期的にメルマガを配信する
↓
受信者にとって「よく会う人」になる
↓
好感度がアップし、セールス効果につながりやすい！

ポイント

ライティングが苦手であっても回数を重ねることで上達する。形式や内容にとらわれすぎず、定期的な配信を試してみよう。

SNSそれぞれを観察し、
特徴を理解する

SNSによって投稿できる文章量と役割が違う

　セールスツールとしてすでにSNSを取り入れている人、または
これから取り入れていこうと考えている場合は、各SNSの特徴を
知っておきましょう。**SNSによって得意とするところが異なる
ため、投稿できる文章量なども異なります。**

　たとえば「X（旧Twitter）」の場合、タイムラインでリアルタ
イムの文章を発信することに長けているため、ひとつの投稿につ
き文章制限は140字までと少なめです。

　画像主体のSNSである「Instagram」の場合はひとつの投稿に
つき画像が10枚アップでき、動画の投稿も可能です。さらに画像
の加工もSNS上で行ったうえで投稿できるため、より画像で訴え
ることができるツールです。文章は画像の補足的な役割として使
用するのがベターです。

　また、各SNSのニーズも異なるため、**それぞれどんなユーザーが
利用していて、どんな投稿内容が向いているのかをしっかり観察
したうえで運用していきましょう。**自分の投稿を各SNSのニーズに
合わせていくことでフォロワーの獲得につながっていくでしょう。

各SNSの特徴

X（旧Twitter）

・文章主体で短文でリアルタイムな情報発信が得意

・ハンドルネームで40代以上の男性ユーザーが多い傾向

・文字数の制限は140字（有料版のXプレミアムは2万5,000字）

・画像、動画も投稿可能

Instagram

・画像投稿を主体とし、SNS上で画像の加工が可能

・女性ユーザーが多く、ボリュームゾーンは10〜30代

・文字数の制限は2,200字

・1投稿に画像、動画は10枚まで投稿可能

・リール機能など、動画投稿機能も充実している

Facebook

・日本語でのサービスは2008年から開始した老舗のSNS

・本名で利用する匿名性の低いSNSのためコミュニティの結
　束力が高い

・文字数の制限は6万字でストーリー性のある長文投稿が得意

・画像、動画も複数投稿可能

YouTube

・全世代が利用する動画主体のSNS

・文字数の制限はタイトル100字、チャンネル概要欄5,500字

・文章は動画を解説する補足的な役割

ポイント

運営元が決めたルールと、そのSNSで形成された独特のルールや手法
をキャッチして、ルールに沿った投稿を心がける。

SNSではプロフィールがとにかく大切

プロフィールは成果に
つなげるための最重要ツール

プロフィールは自分をアピールする自己紹介の場

投稿が誰かの目に留まった場合、「この人は何者なのか？」と投稿者の人物像に興味がいくものです。そうすると、**自ずとプロフィール欄に飛んで、投稿者はどんな人なのか、ほかにどんな投稿をしているのかをチェックしたくなりますが、これこそフォロワー数獲得につながるビジネスチャンスです。**

このときにプロフィールの内容が充実していてユーザーの興味と合致していればフォローされ、成果につながりますが、情報が乏しければ、せっかくのビジネスチャンスも台無しです。今後、チャンスを逃さないためにも、プロフィールには自分の情報をしっかり記載するようにしましょう。

SNSのプロフィール欄は名刺であり、自己紹介の場です。しかし、フォーマットが固定され、文字数にも制限があるため、興味を惹くプロフィールにするためには記載の仕方を工夫することも大切です。また、トップページには最初の30文字程度しか表示されないSNSもあるので、**表示される文字数内で重要なことを完結に伝える文章を作成することもポイント**になります。

プロフィール作成のコツ

・短文で見やすく

簡潔に、一目見れば伝わる自己紹介にしましょう。

・重要なことは先に記載

トップページに記載される文字数が制限される場合は、最初に伝えたいことを記載しましょう。

・体言止めを意識する

「です・ます調」よりも文章を短く作れます。

プロフィールに記載する内容

では、プロフィールにはどんな内容を記載したら効果的なのでしょうか。必ず入れるべき内容をチェックしていきましょう。

プロフィールにはコレを入れる

・自分（会社）の名称

・自分が何者であるか（肩書き、キャッチコピーなど）

・どんな仕事をしているのか

・どんな人に向けて発信するのか

・どんな投稿をするのか

・ホームページURLやメールアドレスなどの連絡先

・何が安く・早く提供できるか？

・ほしいモノ（知識や紹介）は何か？

伝えるべき情報をわかりやすく簡潔に見せることが重要です。

ポイント -

SNSで用意されているプロフィール欄はフル活用してみよう。基本情報もすべて入力することが鉄則と心得る。

Xは母数を増やすことを心掛けたい

まずは質よりフォロワー数
多くの人に見てもらえる工夫を

X（旧Twitter）の特徴

・リアルタイムな情報共有のために2006年からはじまったSNS

・リアルタイムな情報共有に長けている

・短文（最大140字）で端的な情報発信ができる

・拡散力はSNSの中でナンバーワン

・タイムライン上に情報がどんどん流れるため、情報速度は
　速いが、話題性の高い情報は「リポスト」されて長時間タ
　イムラインのトップに表示されることで多くの人に見られ
　ることもある

・画像や動画も投稿でき、ラジオのような音声のリアルタイ
　ム配信、会話機能もある

X（旧Twitter）でまず行いたいことは、フォロワー数を増や
すことです。なぜならXの性質として、フォローしている人の投
稿がタイムラインに表示されるからです。ですので、いくらがん
ばって内容のクオリティを向上させても、それが多くの人の目に
触れなければ意味がないので、**最初はフォロワー集めに注力する
ことが重要**です。では、フォロワー数を伸ばす方法を紹介してい

きましょう。

STEP 1　相互フォローをする

　最初は「相互フォロー」と書いてあるアカウントからフォローしましょう。そして、相手からフォローバックされるのを待つという、一番基本の方法です。ただし、一度に多くのアカウントをフォローしてしまうと運営側からペナルティを課せられることがあるので、**一度に大量にフォローすることは避けましょう。**

STEP 2　人気のハッシュタグやキーワードを入れる

　「話題を検索」という項目をクリックすることで人気のキーワードやハッシュタグを調べることができます。ここでチェックした**人気のキーワードやハッシュタグを自分の投稿に入れることでツイートの表示数を上げることができます。**

　ハッシュタグをつけることでキーワード検索ができたり、共通の興味・関心のあるユーザーと情報共有できるなどのメリットがあり、より興味のある人に見てもらえるきっかけにもつながります。

STEP 3　多くのフォロワーを持つ文章を真似る

　Xは投稿文字制限が140字と少なめで、そのほかにも独特なルールがあるので、インプレッション数を稼ぐまでには慣れが必要です。手っ取り早い上達方法は、**フォロワー数や「いいね」の数が多いアカウントの投稿文章の形式を真似てみることです。**

ポイント

投稿内容はもちろんオリジナルのものをあげること。完全なパクリはNG。コツをつかみながら自分なりの文章作成がカギになる。

「いいね」よりもインプレッションが重要

トレンドワードを駆使してインプレッションをアップさせる

ユーザーの90％以上は「いいね」をしていない

Xに投稿し、その反応として「いいね」やリポスト、返信がもらえるのは嬉しいことですし、自分の投稿に共感してもらえた証となりますが、**ユーザーの90％以上は投稿を読んで、たとえ共感したとしても、実はこういった反応をしない**という意見があります。なので反応がなかったからと言って気を落とさずに、**役に立つ情報や興味のある人が共感できる投稿をコンスタントに上げ続け、継続させていくことが大切**です。

表示回数が上がれば見てくれる人が増える

「いいね」の数を気にするよりも、表示回数を表す「インプレッション」のほうが重要です。フォロワー数がまだ1万人以下の場合は特にインプレッションを上げる投稿に注力したほうが得策です。**インプレッションが上がればフォロワーでなくとも、多くの人に自分の投稿を見てもらえる**ことになります。少人数のフォロワーに営業するよりも、より大人数に告知できたほうが有利です。Xの特徴である拡散力を駆使して効果を狙っていきましょう。

インプレッションを上げる方法

1 トレンドワードを使ってみる

「話題を検索」の項目で出てきたトレンドワードを自分の投稿で意識して使うことでインプレッションを上げることができるので、積極的に使ってみましょう。ただし、トレンドワードの単語の意味がわからないものは無理して使う必要はありません。自分にわかる単語があれば、取り入れてみるといいでしょう。

2 トレンドのハッシュタグを使う

「＃○○○」と表記する、ハッシュタグにもトレンドがあります。これも「話題を検索」で見れるので、自分が上げたい投稿と一致し、使えそうなものがあれば投稿に入れてみるのもいいでしょう。

炎上は怖いけど、何に気をつけたらいい？

匿名性があり、投稿を拡散できるXでは炎上が起こりやすいと言われていますが、**実は炎上が起こる確率はかなり少ない**です。なのでそこまで心配する必要はないですが、投稿で気をつけるべきは**「人を傷つけない」「誤解を与えない」**内容であるかどうか。**炎上はネガティブな悪口や社会的に非常識な内容、間違った内容の投稿から起こるケースが高い**ので、そういった内容を避け、**人に役立つ情報や、明るい気分にさせる投稿**を意識しましょう。

ポイント　- -

意味がわからないトレンドワードやハッシュタグを無理して使うことも誤解が起こる原因となるのでわかる範囲で使おう。

実名だからこそ使える
ビジネスツール

事業者や社長の間ではよく使われているSNS

Facebookは「おじさん化」していて、もはや若い世代には使われていない時代遅れのSNSだと思っている人もいるかもしれませんが、**ビジネスシーンではいまだに現役で、BtoB事業をしている人にとっては効果的に使えるSNS**だと言えるでしょう。

Facebookの特徴

・2004年にマーク・ザッカーバーグらが立ち上げ、大学から社会に広がった老舗のSNS

・実名登録を基本とし、匿名性は低い

・友達申請方式で投稿の公開範囲を選択可能

・投稿文字数は最大6万字でストーリー性のある投稿に有利

・画像や動画も複数枚投稿可能

・メッセンジャー機能があり、個別にチャットや通話が可能

・24時間経つと削除されるリール投稿で近況を投稿できる

・Facebook上でコミュニティを立ち上げ、趣味分野でつながることもできる

ビジネスシーンでの使われ方

　事業者間ではいまだに積極的に使われているFacebookですが、実際どのように使われているのか見ていきましょう。

異業種交流会などで名刺交換をした際にFacebookで友達申請

▼

積極的につながっていなくても、お互いの投稿が表示され、何となく近況がわかる

▼

コメントを入れることで信頼関係を深めながら、営業活動を行うソーシャルセリングという手法が近年の潮流

　このように、ビジネス上でゆるくつながっておくことで、ふと思い立ったときにメッセンジャーで気軽に連絡し、案件を聞いてみるなど、**メールよりもう少し密なコミュニケーションができ、人脈ネットワーク維持に有効なツール**なのです。逆に**匿名性が低いので、デメリットとして拡散力がない**という点が挙げられます。Facebookは人脈形成・維持のために使うといいでしょう。

Facebook ＝ 人脈形成・維持

ポイント
ビジネスを意識する場合は友達に向けたような日記的な投稿は避ける。情報共有の意識を持ち、ためになる投稿を。

Facebookは信頼性が第一

自分が何者なのか
認識してもらうことが大切

まずは自分のことを知ってもらう活動を

Facebookは実名で利用するツールゆえに匿名性は非常に低く、自分自身という人と成を認識してもらい、信頼を得たうえで成果が上げられるツールだと言えるでしょう。

そのためにはまず、**自分自身が何者であるかを知ってもらえるような投稿を行う**必要があります。しかも1回だけでは忘れられてしまうので、何度も繰り返すことが大切です。**何度も目に触れてもらうことで、ようやく自分が何者かを認識され、信頼され、そうしてようやく反応が得られるのです。**

自分が何者かを自然に知らせるには

とはいえ毎回自分の事業内容を繰り返すのはさすがにクドイので、さらっと自然に投稿に書き加える方法がオススメです。**一番簡単にできる方法は最初に自分の職業や会社名と名前を名乗るやり方**です。これだけでも印象に残るので、何度かこれを繰り返してみましょう。しかしそればっかりというのも単調なので、いくつか投稿方法を変えて紹介を文章中に交えるのがいいでしょう。

ナチュラルな名乗り方

1 最初に名乗る

「○○○ブリュワリーの山田です。ビールといえばクラフトビール！」といったかたちで、文頭で名乗る方法。一番オーソドックスなやり方です。まずはこれで試してみましょう。

2 文章中に入れ込む

「ビール作りにおいて大切なことは……」のように、文章中に自分の事業内容や肩書きを入れる方法です。

3 事業関連のネタを投稿で扱う

「昨日新しいホップを仕入れたのですが、おもしろい発見が……」など、事業での出来事をストーリーで紹介する方法です。

投稿で気をつけるべきことは

まずは自分を知ってもらうために頻繁な投稿を続けていきたいですが、人間関係と信頼性を得るためにも、投稿内容にも気を配っていきましょう。

ネガティブな内容を投稿しない

一緒に仕事をするならネガティブな人よりポジティブな人に依頼したいものです。

勧誘は9回に1回程度に留める

頻繁に投稿することは大切ですが、過度な営業や告知は避けたほうが無難です。9回に1回がベターと言われています。

ポイント

Facebookでは知らない人には誰も反応しないということを覚えておく。人間関係の構築と信頼性が何より大切。

インスタでも文章は重要！コンセプトに沿って投稿する

もはや映え狙いだけじゃない「情報収集の場」

「インスタ映え」という言葉が以前流行ったように、映え狙いの見た目重視なSNSと思われがちですが、最近はそうでもありません。SNS自体、そしてユーザーが成熟し、よりリアルなものが求められ、今の10代〜30代は**情報収集の場**として利用している傾向があります。

Instagramの特徴

・2010年からスタートした画像・動画主体のSNS

・10〜30代の女性ユーザーが多い傾向

・1回に投稿できる画像は最大10枚で画像の縦横比も選択可能

・アプリ上での画像や動画の加工機能が豊富

・動画主体のリール投稿ができる

・24時間限定公開のストーリーズでリアルタイムな投稿が可能

・メッセージ機能や通話機能もあり、個別にチャットができる

・ビジネスアカウントの設定ができ、自身のサイトの分析や、Instagram上でのショップ開設・販売が可能

アカウントのコンセプトを明確にする

　フォロワーを獲得していくには**ターゲットを絞り、アカウントで得られる情報を明確にした投稿を続けていく**ことが大切です。そうすることで**運営元がアカウントの特性を認識し、同類の趣味や趣向を持つユーザーのフィードに表示されやすくなります**。

フォロワーを増やす活動を行う

　フォロワーを増やす活動を継続させていくことが大切。以下のアクションも起こしていきましょう。

・競合他社をフォローしている人をフォローし、認識させる

・「いいね」やコメントを入れて認識してもらう

・リールを投稿し、より多くの人に見つけてもらう

・ストーリーズを投稿し、頻繁に目に触れてもらう

・ハッシュタグをつけて検索で表示されやすくする

文章に画像を入れて目につきやすくする

　最近は「映える写真」だけでなく、画像に文字を入れた「文字画像」の形式も多用されています。画像に文字を入れることで見やすくなり、効果的なアピールができます。5枚以上、10枚までがベストで、**＜①キャッチとなる一言②〜⑥その後の展開⑦まとめ⑧もっと知りたい方へ＞**のような構成がオススメです。

ポイント ----------------------------------

スマホで見やすい画面作りを意識して、フォローを促したりプロフィールへ飛ばせて自社サイトへ誘導する仕組みを作る。

伝え方を工夫した共感文章が集客につながる

共感文章でファンを増やす

　人は共感することで心が動かされ、**「もっとこの人の話が聞いてみたい」** となり、それがいいように作用すればファンにもなってもらえるはずです。それはインスタに限らず、どんなSNSやメディアなどの情報発信ツールでも同じことで、**共感を呼ぶ文章こそファンがつく**ものです。

＜共感文章の例＞

共感：雨の日は髪がぺったりしてしまってヘアセットしづらいですよね……

▼

納得：雨の日にオススメなヘアアレンジ、知りたくないですか？

▼

提案：オフィスでも活用できるヘアアレンジやワックスなど、役立つ情報をメルマガで配信中！

　このように、共感してもらうことでスムーズに集客へつなげることができます。ただし、すぐ売り込みするのはNGです。

情報提供のネタがベスト

　継続して興味を持ち続けてもらうには共感文章も大切ですが、**ユーザーにとって興味の持てる内容を提供する**ことも重要です。また、初対面の人からいきなり商品やサービスを紹介されても押し売りだと思われてしまうので、まずは**知りたいと思ってもらえるような情報提供から**投稿していきましょう。

　＜ベストな投稿内容＞
　〇知っていると役立つノウハウなどの情報提供
　＜NG投稿＞
　×いきなり商品やサービスを売り込むような内容
　×旅先の風景や食べ物写真だけなど、情報を持たない投稿

伝え方の工夫をする

　いくら役立つ情報を投稿しても、読んでもらえなければ意味はないので、読まれるために工夫することも大切です。気をつけるべきことは、**堅い文章にならないように、「感情」をつけ加える**ことです。ただ端的にノウハウを伝えるのではなく、できるだけ感情表現を込めて伝わりやすい文章にしましょう。

ポイント ------------------------------------

伝え方の工夫をして、共感の得られる文章による情報提供で、あなたのアカウントはグッと好感度が増し、ファンができるはず。

ライティング次第で再生回数や成果が左右される

　若い世代を中心に、各年代から支持されているYouTube。**Z世代は特にSNSとYouTubeから情報を得ている部分が大きいため、若い人材採用に力を入れたい企業はYouTube運営が重要です。**

　まだまだ動画はハードルが高いと思われがちですが、今確実にシェアが広がっているSNSだと言えるので、いずれ**１企業１アカウントの時代がやってくる可能性もある**のです。まだ取り入れていない企業は今のうちに手を打っておいたほうが得策です。

YouTubeの特徴

- ・2007年より日本語サービスがスタートした動画主体のSNS
- ・2014年頃よりYouTuberの存在が認知され、スマートフォンの普及もあって認知度が上昇
- ・今では月間利用者数は世界で25億1,400万人。日本国内だけでも7,000万人以上の利用があり、日本人の約60％はYouTubeを見ていることになる
- ・動画の再生回数を増やすことで収益化させることも可能
- ・タイトルは文字制限100字、説明文は2,500字
- ・収録動画のほか、リアルタイムでのライブ配信も可能

YouTubeでライティングが必要な箇所は

　動画が主体となるYouTubeでもライティングは必要で、成果へとつなげるための重要な要素でもあります。抜かりなく作成することが大切です。

＜ライティングが必要な箇所＞

1 動画タイトル

動画のタイトルにより検索されるかどうか左右されます

2 サムネイル画像

一番最初に目に入ってくる重要な要素です

3 動画の説明

さらに次の展開を期待して読んでくれる部分です

概要欄にはプロフィールを抜かりなく記載する

　タイトルや解説部分以外でも、事業をアピールする場があります。それがYouTubeチャンネルのトップページとも言える、概要ページです。**動画を見て興味を持ってくれた視聴者はこのページまで飛んで閲覧してくれるので、しっかり作っておくことで信頼性も高まり、企業イメージもアップする**でしょう。

ポイント

ビジネスでYouTubeを活用するなら会社の連絡先やチャンネル運営者のプロフィール、メルマガ登録などにも記載をオススメ。

YouTubeで必要なライティング技術②

見たいと思わせる
キーワードがカギ

タイトルは動画再生数を左右する要

　YouTubeのタイトルはYouTubeサイト内からだけでなく、Googleからも動画検索されるため、非常に重要です。

タイトルをつけるときの基本ルール

1 検索キーワードを入れる

検索で表示させることが重要です。検索ワードに引っかかりそうなキーワードを入れるようにしましょう。

2 最初の30字でわかるように

文字制限は100字ですが、スマホで見えるのは最初の30字です。この文字数で主要な内容が伝わるようにしましょう。

3 【 】などの記号でくくる

目立たせたいワードはぱっと見てすぐに認識できるように記号を使ってアクセントをつけましょう。

サムネイル画像には視認できるキャッチコピーを

　トップページや検索結果の一覧で表示されるサムネイル画像で

すが、**動画を見るかどうかの判断はサムネイル中に記載された
キャッチコピーが要**でもあるので要確認。

キャッチコピーのつけ方のポイント

1 タイトルのままはNG

もっと短く、キャッチーな言葉を使いましょう。

2 スマホで認識できる文字サイズ

小さく表示されても文字が読めることが必須です。

3 動画中の言葉を引用もアリ

動画中に出てくる印象的な言葉を使うのもOKです。

ビジネスに役立てる説明欄の使い方

　動画を解説する説明欄では最大2,500文字記載でき、**ホームペー
ジのURLやSNSのリンクなども記載できる、ビジネス使用にお
いては重要なスペース**です。最大限に活用しましょう。

＜説明欄に記載する内容例＞

・連絡先▶視聴者が連絡できるようホームページなどを記載

・出演者プロフィール▶出自がわかるようにしておく

・各SNSリンク▶アクセスできるようにしておく

・ハッシュタグ▶同じタグをつけている動画と連動できる

ポイント

「この動画が見たい！」と思わせ、「さらにもっと見てみたい」と思っ
てもらえる内容、文章の作り方を意識してみよう。

デジタル×コピーライティング

- □ 配慮しつつ、メールマガジンで自発的にアピールする

- □ 定期的な情報配信で徐々に親近感や好感度を高めていく

- □ 各SNSの特徴を把握し、それぞれに合った投稿をする

- □ SNSのプロフィール欄はしっかり記入しておく

- □ Xを利用するなら、まず投稿を見てもらえる人を増やす

- □ トレンドワードやハッシュタグで投稿の表示回数アップ

- □ Facebookのビジネス利用では、個人的な投稿は避ける

- □ 素性を明らかにし、適切な投稿内容で信頼を得る

- □ Instagramでは、フォロワーの増加を目指して工夫する

- □ 共感を誘う文章と堅くない表現でファンを増やす

- □ YouTubeでは、概要欄をしっかり作ることも大切

- □ タイトルやサムネイルが動画の再生回数に左右する

第 7 章

マイクロコピーは
コピーライティングの
新セオリー

Web サイト上にある入力フォームやリンクボタンなどにある小さな文章がマイクロコピーです。ネット社会の現代では、このマイクロコピーが非常に重要なカギを握っています。

ちょっとしたコピーで
劇的な差が生まれる

短いコピーの持つ力

Webサイトを利用していて、会員登録ボタンの下に添えられている「初回登録の方は1カ月無料」「いつでも解約できます」というテキストを見たことはありませんか?

これはマイクロコピーと呼ばれる、Webコピーライティングの一種です。具体的には、**ボタン下や情報の入力画面、エラーページに添えられている短いコピーのことで、ユーザーの操作を手助けしたり、行動を促したりする効果があります**。マイクロコピーがあるかないかで、入力エラー率や会員の登録率、サイトの利用率などは大きく変化するのです。

たった一文にそれだけの影響力があるのか、疑問を持つ人もいるかもしれません。ここで、マイクロコピーに関する例をひとつ見てみましょう。

プロダクトデザイナーであるジョシュア・ポーターという人物が、あるプロジェクトの一員として、クレジットカードの決済フォームを作成していました。当初出来上がったのは、クレジットカードの番号や有効期限、利用者の氏名、請求先の住所などの

記入欄を設けた、よくある形のフォーム。そして、実際にそれを
Webサイトに搭載し、ユーザーに利用してもらいました。

　すると、約5〜10%のユーザーがエラーに陥り、決済できない
状態に。そのうえ、エラーが発生するたびにユーザーへの対応に
手間取り、また売上処理やキャンセル処理に費用がかかり、かな
りの損失を生むこととなってしまいました。

　このエラーの原因は、ユーザーが請求先住所を間違えたこと。
そこでポーターは、「クレジットカードに登録されている請求書
送付先住所を必ず入力してください」というマイクロコピーを決
済フォームに添えました。

マイクロコピーを加えた決済フォーム

クレジットカード情報を入力

カードの種類	Visa
カード番号	
カードの有効期限	01 2028
セキュリティコード	このコードはどこに?

クレジットカードに登録されている請求先住所を記入してください

姓	
名	
ご住所	

　その結果、頻発していたエラーは発生しなくなり、損失ではな
く利益が順調に生まれるようになりました。

ポイント

簡潔なマイクロコピーを挿入するだけで、マイナスからプラスへと状
況を変化させることができる。

たった2文字で売上が変わる

マイクロコピーを改善すれば手っとり早く成果を出せる

少しの変化で効果大

少しの工夫で効果を発揮するマイクロコピー。実際に、ある企業は、提供しているWebページの資料請求に関するマイクロコピーを少し変えただけで、資料をダウンロードしてくれるユーザーの割合が約1.5倍に増加しました。変えると言っても、以下のように「無料」という文字の位置を移動させただけです。

「資料を無料ダウンロード」→「無料で資料をダウンロード」

たった2文字のわずかな変化ですが、ページのレイアウトを変えたりDMを送信したりせずとも、これだけで確実な成果につながるのです。**最小限のコストですばやく成果を出すなら、マイクロコピーに目をつけるのが最善だと言えるでしょう。**

あと少しを手助けする

デジタル機器が普及し、誰もがインターネットを気軽に利用す

るようになり、ネットショッピングを楽しむ人も増えました。

　ECサイトに関する調査を行っているBaymard Instituteによると、ネットショッピングで商品をカートに入れたものの決済には至っていないという人は70.19％にのぼるといいます。

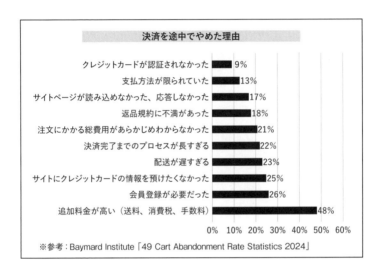

新しく集客をせずとも、**商品をカートに入れている約70％のユーザーに決済・購入まで進んでもらえれば、多大な成果となります**。そうなるよう、ユーザーの行動を促すには、マイクロコピーの活用が効果的です。少しのコピーを挿入するだけで、大規模な宣伝やキャンペーンを実施せずとも、大きな売上を上げることができます。

ポイント

- -

既存のマイクロコピーを少し変えるだけでも大きな効果を期待でき、また大幅な売上増加を目指せる。

効果があるのには理由がある

マイクロコピーは
消費者行動に深く関わる

行動に移るしくみ

　マイクロコピーによってよい効果がもたらされることを解説してきましたが、なぜそれほどの効果が見込めるのでしょうか。それを読み解くのに重要なのが、「フォッグ式消費者行動モデル」です。これは、スタンフォード大学のB.J.フォッグ教授によって提唱され、人が行動を起こすのに重要な「トリガー（きっかけ）」「モチベーション」「行動障壁」の3つの相関関係を表したものです。

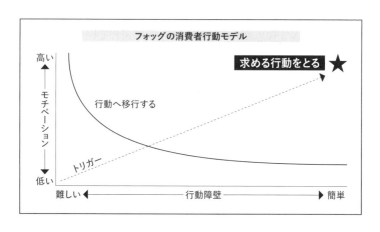

このモデルを見てもわかるように、行動を起こすにはまずトリガーが不可欠です。そして、**モチベーションが高く、行動障壁が低いほど、行動を起こしやすい状態になります。**

消費者行動に関わる3要素

では、3つの要素についてそれぞれ掘り下げていきましょう。

まず、トリガーについてです。**人はきっかけがなければ行動には移りません。**「購入・契約してもいいかな」と思ってもらえるようなマイクロコピーを添え、消費者に関心を抱かせましょう。

次に、モチベーションについて。モチベーションとはつまり、購買意欲のことを指します。前述の通り、人が行動するにはモチベーションが高いことが重要です。そのため、いかに消費者の購買意欲を高めるかに重きを置いて考える人もいるかもしれません。ですが、すぐに購買意欲を高めることは困難であり、この作業には手間がかかってしまいます。

最後は、行動障壁です。購入や契約に至るまでには、消費者の行動しようという気持ちを邪魔する障壁が存在します。主に、①時間がかかる、②お金がかかる、③手間がかかる、④情報入力や登録が難しい、⑤社会的なルールを違反している、⑥慣れない作業が必要、の6種類です。

これらの行動障壁をできるだけなくしていくことで、顧客に負荷のない状態を作ることができます。特に④や⑥の場合は、簡単なマイクロコピーを添えるだけで、効果を発揮します。

ポイント

モチベーションの高い消費者に向けて、マイクロコピーは行動のきっかけを作り、行動障壁を取っ払っている。

数値をもとに現状を把握し、顧客のニーズをつかむ

まずは数値に慣れる

Webサイトをよりよく改善したいとなったとき、何から手をつけるべきでしょうか。

何よりもまずは、**現在のWebサイトの状況を把握することからはじめましょう**。どのくらいの人がサイトを訪れ、どのくらいの時間利用してくれているのかなどの実情を、具体的な数値で認識します。

何事も、事実を把握してこそ今どんな状況にあるのかを推測でき、改善策や解決策を導くことができます。具体的な数値は、事実そのもの。ここがはっきりしていなければ、適切な対処を行うことはできないのです。

この数値を知るために最適なのが、Web解析ツールを利用すること。特に、Googleが提供しているGoogleアナリティクスは使い勝手がいいでしょう。これはサイトへの訪問者数やサイト内の移動経路、ページの閲覧者数などを解析してくれるツールで、無料で利用することができます。Webサイトの実情を知るために

必要となる基本的な数値をあらかた解析してくれるので、はじめてWeb解析ツールを使うという人にもオススメです。

　そしてこれを導入したら、**毎日数値をチェックするようにしてください**。よくわからないまま数値を見るのでも大丈夫です。最初は何が何だかわからなかったとしても、だんだん慣れてくると、数値の変化や違和感に気がつけるようになります。そうなれば、数値をもとに状況を判断したり、これからの動向を予測したりすることも次第にできるようになっていくはずです。

数値をもとに顧客目線の目標を設定

　Web解析ができたら、次は達成するべき目標を設定しましょう。この目標はマーケティング用語では「コンバージョン」という言葉で表され、具体的には商品の購入、契約の成立、会員登録、資料の請求などがそれに当たります。

　この目標を設定するには、顧客目線で捉えることが重要です。もし顧客が商品の購入を考えているのに、会員登録の表示ばかりが出現したら、いやになってサイトを離れてしまうかもしれません。この場合、Webサイト側は会員登録ではなく、商品の購入を最終的な目標に設定するべきでしょう。顧客に寄り添った目標設定が、円滑なWebサイトの運営を可能にするのです。

　現実的で顧客目線を取り入れた目標にするには、Web解析での数値が生きてきます。**数値という事実をもとに現状を分析し、適切な目標を設定しましょう**。

ポイント

Web解析ツールを用いてWebサイトの実情を数値化し、それをもとに適切な最終目標を設定する。

記憶・やる気・才能に頼らない

記憶に頼らない

マイクロコピーを作るとき、踏まえておくべき3つの条件があります。まず1つ目は、**顧客の記憶に依存しないことです**。下のお仕事情報サイトのマイクロコピーを見てください。

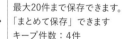

お仕事情報サイトのマイクロコピー

・気になるお仕事は最大20件まで保存できます。
・21件目の仕事を登録すると、保存の古いものから順に削除されます。
・保存した複数のお仕事は5件まで「まとめて保存」できます。
・応募したお仕事はキープリストから削除されます。

➡

最大20件まで保存できます。
「まとめて保存」できます
キープ件数：4件

左側のように、最初にすべての情報を詰め込むのはNG。**今必要のない情報を、顧客は覚えておけません**。適切なタイミングで情報を出すことが大切です。

やる気に頼らない

　2つ目は、**顧客のやる気に頼らないことです**。一度に出される指示や選択肢が多いと、顧客は行動に移すまでに時間がかかります。すると、行動自体が億劫になって、やる気を失い、途中で離脱しやすくなってしまいます。そのため、**一度にすべてを指示せず、ステップごとに分けて小出しにするようにしましょう**。

　たとえば、「用紙のサイズと余白を選択して印刷してください」というマイクロコピー。一文に、用紙サイズの選択、余白の選択、印刷と、やるべきことが詰まっているため、顧客側に考える時間が発生してしまいます。以下のように、分けて順番に表示するのが適切です。

①「用紙のサイズを選択してください」

②「余白を選択してください」

③「印刷ボタンを押してください」

　顧客のやる気は失われやすいものです。できるだけ簡単な、作業しやすいマイクロコピーにし、途中離脱を防ぎます。

才能に頼らない

　3つ目は、**顧客の才能に頼らないことです**。難しい専門用語は使わず、誰にでもわかりやすい言葉を選びましょう。

　たとえば、「バッファリング中」は「ビデオの準備中」と平易な文章に直すと、非常にわかりやすくなります。

ポイント

顧客の持つ力に頼りすぎず、誰にとっても簡単でわかりやすいマイクロコピーを心がける。

さまざまなパターンを知って
試して改善していく

A/Bテストでマイクロコピーを改善

法則75で、Webサイトの改善にはまず実情を数値で把握することが大切であり、そのためにWeb解析ツールを利用するとよいと解説しました。これに加えて、もうひとつ実践してほしいことがあります。それは、A/Bテストです。

A/Bテストとは、Webサイトを2パターン用意し、どちらのほうの最終目標の達成率が高いかを測るテストのこと。くわしい手順としては、Webサイトの訪問者のうち、半数にはAパターンのページを、もう半数にはBパターンのページを見せます。そしてそれぞれのページの目標達成率を計測し、比較することで、どちらがより優れているか判断します。

文字の配置や色味の変化がどのくらい顧客に影響を与え、またより好まれるのかを知ることができ、とても使い勝手のよいツールだと言えるでしょう。

このテストは、Webサイトを構成する要素の中でも、マイクロコピーを改善するのによく使われます。マイクロコピーの実際の効果を知りたい、さまざまなパターンを試したいという場合は、

ぜひ使ってみてください。

ほかのマイクロコピーを参考にする

　いいマイクロコピーを作るには、リサーチも重要です。現在、ほとんどのWebサイトではマイクロコピーが必ずと言っていいほど使用されています。それらの多くは、消費者の作業をアシストし、その行動を促すための知恵が詰まった一文です。

　つまり、**私たちの周りは、お手本となるマイクロコピーであふれているのです**。これを活用しない手はありません。

　顧客はどんなところでつまずきやすく、それをどうマイクロコピーが手助けしているのか。また、どんな内容にすることで顧客の興味・関心を引き出しているのか。さまざまなパターンを調べてみましょう。

　マイクロコピーは顧客あってこそ。どんなことにやりづらさを感じ、どういうサポートを求め、どんなふうに心を動かされるのかをほかのマイクロコピーから学び、顧客について深く理解することが大切です。

　また、たくさんのマイクロコピーを知れば、それが情報として蓄積されていきます。持っている情報が多いほど、マイクロコピーを新たに作ったり改善したりする際に、思いつくアイデアの幅が広がるはずです。さらには、アイデア出しにかかる時間もより短くなっていきます。先の事例を知っておくことは、さまざまなメリットを含んでいるのです。

ポイント

A/Bテストでさまざまなパターンを試すことができ、またほかのマイクロコピーを知れば自らのアイデアの糧になる。

マイクロコピーの基礎知識

- □ マイクロコピーで状況は
  マイナスからプラスへ変化する

- □ 既存のものを少し変えるだけ
  でも効果は大きい

- □ マイクロコピーで行動の
  きっかけ作り、不安を払う

- □ 解析ツールを使い、サイトの
  実情を数値化して把握する

- □ 顧客の能力を過信せず、みなに
  わかりやすい内容にする

- □ A/Bテストはさまざまな
  パターンを試せる

第 **8** 章

マイクロコピー
から学ぶ
言葉の技法

たった2文字の言葉の変換だけで、結果が大きく異なるマイクロコピーの世界。デジタルデータによって緻密な分析が可能になった新時代のコピーライティング技術の数々を紹介します。

無料というこの上ないベネフィット

顧客の心をつかむ
無料という言葉

無料であることは顧客にとって有益

　魅力的な広告により、ユーザーに「商品を購入したい」「サービスを契約したい」と思わせることができたとしましょう。そして購入・契約のためのWebページに飛びました。ところが、こうした購入・契約を見込める顧客であっても、それを達成する前に途中で離脱してしまうことはよくあります。

　その理由は、送料がかかったり、情報の入力過程が複雑で面倒であったりとさまざまです。少しでも悩みの種があれば、購入・契約する気が失せてしまいます。

　そうした状況を打破するのに、マイクロコピーは有効です。**顧客にとって得な情報、つまりベネフィットを伝えることで、悩みを軽減し、購入・契約のモチベーションを高めます。**

　特に、よく利用されるのが「無料」をうたったマイクロコピーです。無料という言葉は顧客にとって非常に有益で、お金がかからないに越したことはありません。購入したい商品や契約したいサービスを無料で試せるとしたら、「とりあえず購入・契約してみてもいいかな」と思う顧客は多いと言えます。

しかし、ここで注意しておかねばならないのが、**無料となる商品やサービス自体に価値がなければ意味がないということ**。魅力的なものだからこそ、無料だとより興味を引かれるのであり、そもそもほしいと思わないものが無料であっても、購入・契約したいとはなりません。

マイクロコピーを入れる位置も大切

「無料」のマイクロコピーを入れる際は、その位置にも注目です。**申し込みボタンの周辺は、特に顧客の目に留まりやすいため、ここに適切なマイクロコピーを入れます。**

実際に、ViadeoというSNSで行われた改善では、会員登録ボタンの横に「無料」を意味する「It's free！」というマイクロコピーが挿入され、大きな効果が得られました。

「無料」という言葉以外にも、顧客にベネフィットを伝える言葉はいくつか考えられます。顧客の求めるベネフィットを見極め、適切な位置にマイクロコピーを入れるようにしましょう。

ポイント

「無料」は顧客にとって大きなベネフィットであり、申し込みボタン周辺にマイクロコピーを入れると効果的。

最後の一押しには3つのパターンがある

クリックトリガーが
顧客の背中を押す

申し込みボタン周辺の配置は重要

　法則78でも解説したように、申し込みボタンの周辺にどんな情報を配置するかは非常に重要です。

　申し込みボタンに書かれた言葉はCTA（Call To Action）と呼ばれ、顧客を直接的に行動（Action）へ導く役割があります。また、このボタンの横や上下の部分に書かれているマイクロコピーは、クリックトリガーと呼ばれるものです。この2つは密接に関係しており、**申し込みボタンを押す前に生じ得る悩みを、クリックトリガーが解決することで、スムーズに顧客に申し込みをしてもらえます**。つまりクリックトリガーは、行動への最後の一押しなのです。

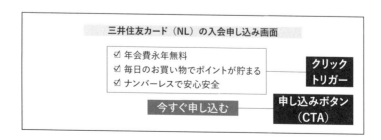

三井住友カード（NL）の入会申し込み画面

☑ 年会費永年無料
☑ 毎日のお買い物でポイントが貯まる
☑ ナンバーレスで安心安全 ── クリックトリガー

今すぐ申し込む ── 申し込みボタン（CTA）

クリックトリガーは3パターンある

　クリックトリガーは、大きく分けてサポート型、ベネフィット型、シグナル型の3つに分類することができます。

　まず1つ目のサポート型は、顧客の抱く疑問や不安、悩みを解消し、申し込みの検討を手助けします。 顧客側のリスクを取り除き、スムーズな購入へと導くリスクリバーサルを行うのです。たとえば、無料で1カ月試せるサービスであれば、「無料期間の終了前にメールでお知らせします」と入れると、顧客は解約のし忘れを心配することなく、申し込みに進めるはずです。

　2つ目のベネフィット型は、顧客にとって有益な情報を届けることで、行動への意欲をかき立てます。 申し込むことでこんなことができます、こんないいことがあります、とマイクロコピーで伝えるのです。「ギフトラッピング無料」「サンプルプレゼント」などのように、特典をアピールするのも有効。適度に顧客をあおり、購入・契約へのモチベーションを高めましょう。

　3つ目のシグナル型は、顧客の「買いたい」「契約したい」という気持ちをあと押しし、行動へと促します。 たとえば、「40人がお気に入りに追加しています」と人気度を示したり、「96％のユーザーが効果を実感しています」という口コミを入れたりすると、顧客は背中を押されます。

　クリックトリガーは、とにかく顧客の悩みを先読みすることがとても大切です。

ポイント
申し込みボタンとクリックトリガーは密接に関係しており、クリックトリガーは顧客が行動する最後の一押しとなる。

リンクボタンで
顧客をサポートする

リンクボタンのマイクロコピーに注目

申し込みボタンやクリックトリガーのほかに、**リンクボタンも
かなり重要度の高い要素です。**

これは、クリックすると別のページに遷移するボタンのことで、
あることについてくわしく知りたいときに押されます。疑問を解
消できるため、これがあると顧客にとって使いやすいWebペー
ジになります。

よくあるリンクボタンのマイクロコピーとして「くわしくはこ
ちら」が挙げられますが、これはあまりいい例とは言えません。
なぜなら、**何についてくわしく知ることができるのか、このマイ
クロコピーだけではわからないからです。**

顧客はその部分について書かれた別のテキストを読まなければ
ならなくなり、面倒な作業がひとつ増えることになります。それ
のよって、クリックせずに途中でサイトを離脱してしまう可能性
もあるでしょう。

そうならないためには、クリックすると知ることのできる内容
を提示する必要があります。できる限り、顧客の手間を減らして

おくのです。

具体的な内容を簡潔に表す

このとき、遷移先ページの内容をくわしく伝えることを意識しすぎて、長い文章にならないよう注意してください。**Webページを訪れたユーザーのほとんどは、あまりテキストを読み込まず、スクロールしながら何となく見ています**。ぱっと見て理解できるように、ひとつのマイクロコピーで伝えるメッセージはひとつまで、そしてとにかく簡潔にまとめることを意識しましょう。

イメージとしては、下の例のように、遷移先ページの見出しをリンクボタンのマイクロコピーに利用するとうまくいきます。

リンクボタン例

カードご利用ごとにポイントが貯まる

貯まったポイントはショッピングでの利用や他社のポイントサービスに交換もできます。
交換可能な他社のポイントサービスを見る

リンクボタンをクリックすると、遷移先のページで「移行可能な他社ポイントサービス」を知れるということが、ぱっと見るだけでわかるようになっています。

このように、見出しは何が書かれているか簡潔にまとめたものなので、ぱっと見るだけでもわかりやすいはずです。

ポイント

リンクボタンのマイクロコピーは、遷移先ページの内容を簡潔にまとめたものにする。

動詞とタイミングワードで結果につなげる

言い回しの変化で
顧客の意識は変わる

能動的な言い回しにする

マイクロコピーは簡潔に、とこれまで解説してきましたが、その度合いには気をつけなければなりません。度がすぎると、逆効果になってしまいます。

たとえば、よく見られる「送信」「登録」「問い合わせ」といった単語のみのマイクロコピーは、悪くはありませんがあまりに簡潔すぎます。これでは、顧客への訴えかけが足りないでしょう。改善策としては、「アカウントを作成する」「無料で登録する」「問い合わせる」「今すぐ購読する」というふうに、動詞で終わるマイクロコピーにしてみてください。

こうすることで言い回しが能動的になり、顧客の行動に対する姿勢を積極的なものに変化させることができます。さらには、どんな行動をとってほしいのかストレートに指示できているため、顧客をより一層行動へと促せるはずです。

言葉数が少なすぎたり、あいまいな表現であったりすれば、顧客に意図が伝わらず、その後の顧客の行動自体もぼやけてしまいます。能動的かつストレートに言いきって、顧客にとってほしい

行動を明確に伝えるのが大切です。

顧客のニーズに合わせたタイミングワード

　マイクロコピーに、いつ行動するかを示すタイミングワードを入れるのも、顧客の行動を促すひとつの方法です。

　せっかくWebサイトを訪れてもらっても、購入・契約に悩んで途中で離脱してしまっては、結局ふりだしに戻ったも同然。それを防ぐために、「今すぐ」というタイミングワードを入れると効果的です。以下のように、マイクロコピーを変換してみましょう。

「カートに追加」⇒「今すぐ購入する」

「予約注文する」⇒「今すぐ予約購入する」

　「今すぐ」という言葉があるだけで、顧客に緊急性が伝わり、行動があと回しにされなくなります。実際に行われたA/Bテストでも、「今すぐ」という言葉を入れると、入れないときよりも行動に至ってもらえる率が約1.5倍上がりました。

Amazonのタイミングワード

| 数量：1 | 削除 | **あとで買う** | 類似商品をもっと見る | シェアする |

　一方で、**場合によっては「今すぐ」と急かす言葉よりも、「あとで」と、急かさないことで購買につなげることもあります**。

　こちらも効果的にはマイクロコピーです。

ポイント

能動的な言い回しは顧客を行動へと向かわせ、タイミングワードは行動の緊急性を伝えることできる。

数字があるだけで
結果に結びつく

数字は説得力をアップさせる

　会員登録をするか迷っているとき、顧客は登録にかかる料金がいくらなのか、無料で体験できるのはいつまでなのか、どんな特典があるのか知りたいはずです。また、Webサイト上で込み入った手続きをする場合なら、手続きを完了させるのにどのくらいの時間がかかるのか気になるでしょう。

　そういった場合を想定し、**マイクロコピーには具体的な数字を入れるのがオススメです**。せっかくマイクロコピーをCTAボタン周りに配置しても、それがあいまいな内容だと、顧客はモヤモヤした状態のままになってしまいます。**疑問や不安を解消するには、はっきりとした具体的な回答を用意する必要があるのです。**

　たとえば、「簡単に手続き」とするよりも「30秒で手続き完了」とするほうが説得力が増します。ほかにも、「1〜2日以内に配送」「24時間いつでもキャンセル可能」「1万人がすでにはじめています」など、具体的な数字を出せる部分は多くあります。

　数字をはっきりさせれば、顧客のモヤモヤは晴れやすく、スムーズに次の行動に移ってもらえるはずです。内容が具体的であれば

あるほど、マイクロコピーに現実味が増していきます。

表記が違えば感じ方が変わる

　オックスフォード大学のある研究によると、人は決断を急ぐ場面では数字に注目し、余裕のある場面では単位のほうに注目するといいます。**数字は、表記の仕方によって異なる印象を与えるというわけです。**

　たとえば、「2週間」と「14日間」。どちらも同じ期間を表しますが、置かれている状況によって、期間を短く感じたり長く感じたりします。

　何か商品を購入するとして、顧客は発送が早いとプラスに感じるものです。この購入を検討している状況は、決断を急ぐ場面に当たります。よって顧客は数字に注目するため、商品購入ページにはより数字の小さい「2週間」と表記するほうが、発送までの期間を短く感じてもらえます。

　一方、商品購入後は余裕のある場面に当たるため、顧客は単位に注目するでしょう。よって注文の詳細確認画面には、より単位の小さい「14日間」と表記すると、期間を短く感じてもらえるはずです。

　ほかにも、もし無料のトライアル期間を伝えるのであれば、「14日間」と表記するとより期間を長く感じられてお得感が増します。ちょっとした違いですが、顧客の印象はその細かい情報で左右されます。

ポイント

数字を使うと説得力が増す。また、表記の違いで期間を短く感じたり、長く感じたりする。

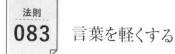

言葉を軽くする

事務的・重い言葉はNG

事務的な言葉は外す

Webサイトで情報の入力やログインに失敗した際、エラー画面が表示されることがあります。そういった画面に「認証エラー」というマイクロコピーが書かれているのを見たことがある人は多いのではないでしょうか。

しかし、このマイクロコピーだと、いら立ちを覚える顧客も中にはいます。まずは、事務的な言葉をはずしてみましょう。パスワードを間違えてエラーに陥った場合のマイクロコピーを例に、以下のように直します。

> 「認証エラー」
>
> ↓
>
> 「あなたの入力したパスワードに誤りがあります」

表現を事務的なものから変化させるだけで、かなり印象が違うはずです。さらに、「あなたの入力した」という状態説明の部分を削除すると、よりすっきりとしたマイクロコピーになります。

> 「あなたの入力したパスワードに誤りがあります」
>
> 　　↓
>
> 「パスワードに誤りがあります」

顧客も、間違えたという非をそこまで感じなくて済むでしょう。

> 「パスワードに誤りがあります」
>
> 　　↓
>
> 「間違ったパスワードです」

　また、重要な言葉を前に持ってくることで、画面をぱっと見たときに認識しやすくなります。

重い言葉は使わない

　事務的な言葉に加えて、重い言葉も避けたほうが無難です。ここでいう「重い」とは、顧客が負担を感じる状態を指します。

　例として、ECナビというサイトが行ったテストを取り上げましょう。ECナビは、製品情報ページから実際に製品を販売しているショップに飛べるボタンのマイクロコピーとして「ショップで購入する」を使っていましたが、プラスで「購入」「詳細」「ショップへ」の3パターンを用意して、実際の成約率を比較しました。すると、「ショップへ」の成約率が最も高かったのです。

ポイント

事務的な言葉や負担を感じさせる言葉はなるべく使わず、軽めの理解しやすい言葉をメインにする。

無料はほしくない時代

無料よりも伝えるべきことがある

無料でもいらないものがある

法則78で、「無料」というベネフィットは、商品やサービス自体に価値がなければ意味がないと解説しました。ここでは、その部分についてくわしく掘り下げていきます。

顧客にとっていらないものは、たとえ無料でもほしいとは思いません。たとえば、ビジネスセミナーの資料配布。実際に資料をダウンロードできるページを下のようにA・Bの2パターン用意し、クリック率を比べたところ、Bパターンのほうが成約率が高いという結果になりました。

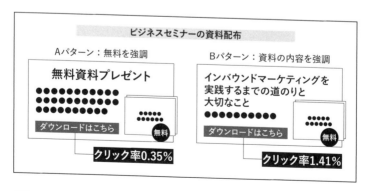

「無料資料プレゼント」とされていると、顧客の多くは営業されている感を抱く場合があります。そもそも、そのビジネスセミナーがどんなものか知らず、興味をそこまで抱いていない状態のため、無料であっても資料をほしいとは思わないのです。

こういう場合は、Bパターンのように資料の内容がわかるマイクロコピーにするのがよいでしょう。これを見て興味を抱き、ダウンロードをクリックする人が増えます。

顧客のメイン層にも注目

ベネフィットをマイクロコピーに入れるなら、顧客にどんな人が多いのかを把握しておくことも大切です。

高級旅行サイトのSecret Escapesは、登録ページのマイクロコピーとして、「free（無料）」を目立たせた場合と、「luxury（贅沢）」を目立たせた場合の登録者数を比較しました。その結果、「luxury」のほうが、登録者数が32.6％高かったようです。

これは、サイトを利用する顧客に富裕層が多いことが要因だと考えられます。**さほど料金を気にしていない相手には、「無料」がそこまでプラスな情報に映らないのです**。

こういう場合は、顧客が魅力を感じるほかのベネフィットを伝えましょう。メインターゲットの顧客について深く知ることで、適切なマイクロコピーを発見できます。どんな人に向けているかという顧客に合わせたマイクロコピーにすることが、いいWebサイトへの近道です。

ポイント

「無料」よりも、内容についてわかったり、ほかのベネフィットを知れたりするマイクロコピーのほうがいい場合がある。

ダイバーシティ時代に合った言葉選び

あらゆる人を尊重し、配慮する意識を持つ

あらゆる人が使いやすいマイクロコピーに

最近よく耳にするダイバーシティという言葉。**これは多様性を意味し、個々の違いを受け入れて尊重していくことを目指しています。**年齢や性別、国籍に加えて、家族構成や雇用形態、ライフスタイルなどもダイバーシティを構成する要素です。ビジネスでもダイバーシティは推進され、非常に重要視されています。

もちろん、マイクロコピーでもダイバーシティを意識することは重要です。Googleアカウントでは、「女性」「男性」「指定しない」「自由記載」から自身の性別を選択することができます。以前は「女性」「男性」「その他」「回答しない」という選択肢だったのですが、その他や回答しないを選ぶ人により配慮し、選択肢をこのように改善したのです。

性別のような個人情報の記入は、顧客によってはわずらわしさを感じる要素になり得ます。自身の性別をどう捉えるか悩む人もいれば、決済に使うクレジットカードが夫のものであるため、個人情報欄に夫か妻である自身か、どちらのものを記入すればいいか悩む人もいます。こういった人々に向けて、**性別の選択肢を増**

やせば、記入率が高まって途中でサイトを離脱するということは減っていくでしょう。

　Webサイトにはさまざまな人が訪れます。誰かにとってわかりにくかったり、ネガティブな印象を与えたりしない、万人に受け入れられるマイクロコピーにすることが大切です。

居心地のいいWebサイトに

　ダイバーシティを意識するうえで何より重要なのは、人を思いやるということです。多様性を受け入れ、尊重していくことを含め、ユーザーにとって居心地のいいWebサイトを作る。そのサポートを、マイクロコピーで行うことができます。

　noteという、記事の投稿や閲覧、応援ができるプラットフォームでは、**ユーザーを思いやった機能が備えられています。**そのひとつが、お祝いメッセージです。

　記事を読んで気に入った閲覧者は、「スキ」を表すハートボタンを押してその記事の投稿者を応援することができ、その「スキ」が一定数を超えると、noteの運営会社から投稿者へお祝いのメッセージが届きます。このメッセージを受け取った投稿者はうれしいと感じるでしょうし、「スキ」の数が多いということは一種のステータスでもあるでしょう。これを投稿のモチベーションにしている人も多くいます。

　noteのようにうれしい工夫を施すと、よりユーザーに寄り添ったサイトとなるはずです。

▎ポイント ╌╌╌

個々を尊重し、不快感を与えないよう言葉選びには気をつけ、よりユーザーに寄り添った工夫を施す。

会話がフォームになっていく

語りかけるマイクロコピー

語りかけで顧客のモチベーションを維持する

　最近では、顧客に語りかけるようなマイクロコピーも増えてきています。たとえばPinterestのサインアップ画面では、名前を入力せずにサインアップのボタンを押すと、ふきだしで「And your name is…?（あなたの名前は？）」というマイクロコピーが表示されるしくみになっています。これにより、**間違いをやんわりと指摘することができ、顧客に不快感を与えずに正しい入力へと促すことが可能です。**

Pinterestのサインアップ画面

Welcome to Pinterest

| Full name | Age | And your name is…? |

☐Male　☐Female　☐Custom

　また、**間違いを指摘するだけでなく、顧客を褒めるマイクロコピーもあります。**入力にエラーがなければ「完璧な入力です」と表示したり、セキュリティの高いメールアドレスだったなら、「低いスパムスコアですね、すばらしい」と表示したりするのです。こういった語りかけを入れるだけで、顧客のモチベーションを向上させることができるでしょう。

チャット形式で入力を簡単にする

　通販サイトでは、よくチャット形式の情報入力が導入されています。**商品の選択や購入者情報の入力が、サイト側からの質問に回答していくことで進んでいくというものです。**

　AppleのWebサイトを例に挙げて見ていきましょう。まず商品の購入ボタンを押すと、ページが遷移して「モデル。あなたにピッタリなモデルは？」というマイクロコピーが表示されます。そしてその下に出ている選択肢から目当てのモデルをタップすると、次の項目の「ストレージ。必要な容量は？」が表示されます。これに回答するとまた次の項目が表示され、さらにくり返していくことで情報の入力が完了する、という流れです。

　また、選択肢の下には「モデル選びに迷ったら」というような、顧客の疑問を解消するリンクが設けられていて、スムーズな購入を促すしくみになっているのです。

　このような事務的に感じさせないチャット形式での商品の購入は、通常の購入よりも成約率が高いと言われています。

ポイント
顧客と会話するかのようなマイクロコピーで、選択や入力の不安を解消する。

マイクロコピーの言葉の技法

□ 無料は大きなベネフィットになり得る

□ クリックトリガーは顧客を行動へと後押しする

□ リンクボタンで遷移先の内容がわかると使いやすい

□ 能動的な言い回しとタイミングワードで行動を促す

□ 数字は説得力を高め、表記の仕方によって印象を操れる

□ 事務的で重い言葉は避け、より軽い言葉を使用する

□ 無料を売りにするかどうかは状況ごとに判断が必要

□ 個々を尊重し、それぞれに寄り添った表現を心がける

□ チャット形式だと、購入・契約までがスムーズにいく

第 9 章

覚えておきたい
広告心理学

コピーを受け取った読み手がどのような心理になり、どのような行動を取るのか。広告心理学という学問をベースに、コピーライティングについて解説していきます。

つい助けたくなるアンダードッグ効果

あえて弱い部分を見せることで同情心を集めて見方にする

アンダードッグ効果とは

　もともと「アンダードッグ」には「勝ち目のない人」や「かませ犬」という意味があり、闘犬に自信をつけさせるために引き立て役として噛まれてしまう弱い犬のことを言います。それが語源となった心理効果が「アンダードッグ効果」です。**不利な状況に置かれている人に対して同情心を抱き、応援したくなる心理効果**を表します。

アンダードッグ効果の具体例

　主に、**不利な状況が際立つときに起こりやすい効果**なので、スポーツなどの**対比されるシチュエーション**ではアンダードック効果が目立ちます。

<スポーツ>

　大相撲など、大柄な力士と小柄な力士での試合の際、小柄な力士のほうを応援したくなる

<選挙>

　投票で不利な状況にあると報じられた人に対して同情票が集

まり、逆転勝利する現象

アンダードッグ効果によって起こる人の心理状況は

1 同情心や感動、応援したくなる気持ち

不利な状況を垣間見ることで、その姿に心打たれ、感動や同情を呼びます。それが応援したいという気持ちにつながります。

2 弱っている人や弱者を助けたい気持ち

立場的に弱い人や不利な状況にある人を助けたい、守りたいと思う気持ちもアンダードッグ効果によるものです。

ビジネスシーンでアンダードッグ効果を活かすには

アンダードッグ効果はビジネスシーンでも活用可能です。

1 困っている状況を他者に伝える

「発注ミスで大量に商品が余ってしまって困っています。誰か助けてください」といったSOSの発信は効果を期待できます。SNSで拡散してもらえたり購入してもらうなど、協力してもらえる可能性があります。

2 一生懸命頑張っている姿を見せる

まだ半人前の料理人が**"手を火傷や傷だらけにしながら"**も頑張っている姿や、**"ボロボロになるまで履き込んだ靴"**で各社をまわる営業マンなど、**「頑張っている姿」**が垣間見られるものにより、お客さんは応援したいという気持ちにさせられるでしょう。

ポイント

あくまでも頑張っている姿に同情心が集まるものなので、誇張したり、嘘を言ってはいけない。ありのままの姿を見せることが大事。

注意が向くカクテルパーティー効果

興味のあるキーワードを使って
具体的にアピールをする

カクテルパーティー効果とは

　カクテルパーティーのように、多くの人が集まり**騒がしい場所であっても、会話をしている相手の声がちゃんと聞こえたり、自分の名前を呼ばれたり、興味がある話題は自然に耳に入ってくる現象**のことを「カクテルパーティー効果」と言います。

カクテルパーティー効果のメカニズム

　すべて情報として認識して脳が処理しようとするとパンクしてしまいます。それゆえ、**脳が自分にとって必要な情報なのかどうかを判断し、選び取っている**のです。この働きによって、騒がしい中でも自分に必要な情報だけが耳に入ってくるということなのです。実はどのような処理がなされているのかはいまだわかっておらず、一説によると周波数ごとに必要な音を選んでいるのではないかと言われています。

　カクテルパーティー効果はイギリスの認知心理学者、コリン・チェリーによって1953年に提唱されました。**「音声の選択的聴取」「選択的注意」**とも呼ばれています。

カクテルパーティー効果によって起こる影響は

1 心理的影響

まわりで内緒話をしている人を見ると、自分について話されているのではないかと思ってしまうのもカクテルパーティー効果によるもので、**話の内容が自分に関係しているものだと脳が認識し、その情報を取り入れようとする**ため起こります。

2 視覚的影響

ワンピースがほしいと思ったときに、お店のショーウィンドウや道行く人、テレビに映るタレント、広告など、ワンピースを着ている人ばかりが目につくようになりますが、これも脳が**無意識のうちに情報を選択している**結果だと言えるでしょう。

ビジネスシーンで効果を活かすには

1 ターゲットを明確にして具体的にアピールする

漠然と「セール中です」と宣伝しても**情報が入ってきませんが、「春物のワンピースがセール中です」と、条件を絞ることで自分に向けて宣伝されていると思い込み、耳に入ってくる**のです。

2 相手が求めていそうな単語を多く使う

視覚的影響を利用した手段ですが、WebサイトやSNS広告での宣伝の際に「春物の新作」「トレンドカラー」「オフィスカジュアル」など、ワンピースを求めている人が**興味を惹く単語を多く使うことで優先的に注意を向けさせる**ことができます。

> **ポイント**
>
> 顧客が特定されている場合は相手の名前を頻繁に呼ぶ方法も効果的。メールなどの文字ベースでも有効なので試してみよう。

人と違ったものに惹かれるスノッブ効果

希少性や限定性の高いものに人は魅力を感じる

スノッブ効果とは

「スノッブ効果」とは、**多くの人が所有するものに対して「同じものは持ちたくない」という心理から、購買欲求が減少する**ことを言います。**誰もが持っている簡単に手に入る製品よりも、希少性や限定性の高いものに魅力を感じる心理**は誰もが持つものです。少なからず思い当たるのではないでしょうか。**他者との差別化を図り、特別な存在でありたいという心理**から生まれる効果です。

バンドワゴン効果、ヴェブレン効果との違い

似ているように思われがちな効果として「バンドワゴン効果」というものがありますが、これは**「多くの人が持っているから自分もほしい」と思う効果で、実は真逆の心理です。人間にはどちらの心理も備わっている**ということです。

もうひとつ購買欲求の心理として「ヴェブレン効果」というものがありますが、**高級品であることに魅力を感じ購買欲求が高まる効果**です。スノッブ効果と少し似ていますが、価値を感じるポイントが異なります。

スノッブ効果の具体例

・地域限定の土産物

「ここでしか手に入らない」といった名産品などはまさにスノッブ効果からくる購入欲求が働く商品だと言えるでしょう。各神社に足を運ばないと手に入らない「御朱印集め」や、ダムに行かないと手に入らない「ダムカード」などもスノッブ効果が働いているものであると言えるでしょう。

・アート作品やオーダーメイドのスーツ

世界にひとつしかない「オンリーワン」の商品は、"自分だけの""特別な"商品に該当するので、まさにスノッブ効果による購買欲求が起こる商品だと言えます。

ビジネスシーンで効果を活かすには

スノッブ効果をビジネスシーンで活用するには**「期間限定」**や**「数量限定」「ここでしか手に入らない」**などの**限定品であること**や、**「あなただけの」「特別な商品」**など、**希少性の高さをアピールする**ことが大切です。

・スノッブ効果で注意すべきこと

「閉店セール」と長らく記載しておいて閉店しないなど、**実態と異なる表記や売り文句を掲げてしまうと「景品表示法違反」になる恐れがあります。**

> **ポイント** ┄┄┄┄┄┄┄┄┄┄┄┄┄┄┄┄┄┄┄┄┄┄┄┄┄┄┄┄┄┄
> スノッブ効果を活用する場合、自社商品・サービスに適した販売方法なのかどうか見極めることも大切。

なぜかお得に感じるシャルパンティエ効果

言葉や数字の持つイメージをうまく活用する

シャルパンティエ効果とは

「シャルパンティエ効果」とは、**体積が大きく見えるものを軽いと感じ、小さいものを重いと感じてしまう心理的な錯覚**のことを言います。たとえば**同じ重さの大きな箱と小さな箱を持ち上げたとき、小さな箱のほうが重たく感じてしまう**現象です。

イメージによる連想でも錯覚を起こす

シャルパンティエ効果はイメージから連想される重さも影響します。**体積の大きな1kgの綿と、1kgの小さな鉄を比較したとき、やはり鉄のほうが重たいと感じてしまう**のです。これは**"鉄は重たい""綿は軽い"というイメージから連想**される錯覚が作用していると言えます。

イメージからの連想による錯覚

重たく感じる！　1kgの鉄　1kgの綿

シャルパンティエ効果を利用したキャッチコピー

シャルパンティエ効果が発揮されるのは重さだけではありません。**私たちの頭の中にあるイメージによって良くも悪くも影響します**。たとえば、下記も私たちが持つイメージを利用しています。

ビタミンC2000mg配合 ➡ レモン100個分のビタミンC

「ビタミンC2000mg」と言われてもピンときませんが、**一般的にレモンはビタミンCが豊富だという共通認識がある**ので「レモン100個分」と言われれば、かなりビタミンCが含まれているのだと連想されるでしょう。

ビジネスシーンで効果を活かすには

言葉や数字の持つイメージをうまく利用することでビジネスシーンでも効果的に活用することが可能です。

年間2万円＜月額1,980円＜1日あたり66円

オンラインで映画が見放題のサブスクリプションサービスなど、年間2万円とするより「月額1,980円」または「1日66円」と表記したほうが抵抗感を減らし、支払いやすくなるという心理効果です。このように先入観をうまく扱うことでビジネスにも役立ちます。

ポイント

あからさまに宣伝に用いると「裏があるのかも？」と疑念を持たれることもあるので活用の仕方には工夫が必要。

イメージアップもダウンも 目立つ特徴次第で変わる

ハロー効果とは

「ハロー効果」とは、**ある対象を評価するときに一部の目立つ特徴に引っ張られて全体の評価をしてしまう心理効果**です。「halo」の語源は後光などの後ろから差す光のことで、**対象が後ろから照らされることでその価値以上に輝いて見えてしまう**ということです。

ハロー効果は評価を歪ませるもの

ハロー効果の身近な例としては、いままで無名だった飲食店が、美食家で有名なタレントに「おいしい」とテレビで紹介されたことで「あの人が言うのだから美味しいはず」というバイアスがかかるなど、**ひとつの事柄に引っ張られてしまうことで評価を歪ませてしまう**ものでもあります。

> ### ピグマリオン効果との違い
> ハロー効果と関連する心理学効果として「ピグマリオン効果」というものがあります。ハロー効果は対象を勝手に「できる

人」と誤解するのに対して、「あなたはできる人だ」と対象に言うことで「できる人になるように努力する」という違いがあります。

ポジティブ・ハロー効果とネガティブ・ハロー効果

ハロー効果には二面性があります。**評価や印象がプラスに作用するものを「ポジティブ・ハロー効果」**と呼び、**評価や印象がマイナスに作用するものは「ネガティブ・ハロー効果」**と呼ばれています。どちらも与える印象の強いものに評価が傾くということです。

ハロー効果のメリット・デメリット

自分自身や事業のサービス、商材などにハロー効果が働いたとき、メリットとデメリットが発生することを覚えておきましょう。
＜メリット＞
・**高評価を受ける**
・**信頼されやすい**
＜デメリット＞
・**不当な評価を受けてしまう**
・**ハロー効果は持続しない**
・**不祥事によりイメージダウンも起こり得る**

ポイント

ハロー効果は他者からの認知バイアス。よい面も悪い面もあることを受け止めてビジネスシーンでもうまく活用しよう。

絞り込んで売上を上げる決定回避の法則

選択肢を絞ることで
買わない気持ちを回避させる

決定回避の法則とは

　多くの選択肢の中からひとつを選ぶことは脳にとってはエネルギーを使うことで、ストレスのかかることです。そのため、できるだけエネルギーを使わないようにしようとする本能から、**選択することを止めるという行動**をとってしまいます。この心理的行為のことを「決定回避の法則」と言います。

決定回避の法則の実証実験

　「ジャムの実験」というものがあります。24種類と6種類のジャムを日を分けて販売したら、6種類のジャムのほうが購買率が高かったというもので、この結果は、**選択肢が少ないほうが選ばれやすく、よく売れる**ということを表しています。

決定回避させないための適切な選択肢はいくつ

　選択肢に有効な数として「**マジカルナンバー**」というものがあります。**人が一度に処理できる情報の限界を数値化したもので「4±1」が最も有効**だとされています。

決定回避の法則をビジネスで活用する

"選べない"ことを回避させる

「選べない」＝「購入しない」ことにつながってしまいます。特に、その商品に詳しくない場合、正しい選択基準を持ち合わせていなかったり、自分の選択に自信がなく、決定回避の法則が働いてしまいます。多すぎる選択肢は買わないことにつながりかねません。できるだけ選択肢を絞りましょう。

選択肢を絞って選びやすくする

・オススメを紹介する

「オススメ」というかたちで商品を限定して紹介することができます。これにより選択肢が狭まり、ユーザーは選びやすくなります。

・ランキング形式にする

ベスト10やベスト5などの表記にし、選択肢を限定する方法です。ランキングにすることで他者の評価があるようにも見せられます。

・厳選形式にする

「使えるアイテム7選」「今買うべきベスト10」など、厳選した見せ方で訴求する方法です。

・カテゴリー分け

情報や商品をいくつかのカテゴリーに分けて紹介することで多数ある場合でも選びやすくなります。

ポイント

買いたいという思考を停止させないためのシンプルな見せ方がストレスを回避させ、購買意欲につながる。

捉え方で印象が変わるフレーミング効果

与える印象を変化させることで購買意欲も上昇する

フレーミング効果とは

「フレーミング効果」とは、**同じ意味を持つ情報であっても表現の仕方によって、その情報の印象は変化し、人はまったく別の意思決定を行うという認知バイアスのこと**を言います。

フレーミング効果の語源は枠組みや額縁を意味する「フレーム（frame）」です。情報のどこにフレームを当てはめるかによって印象が変わり、意思決定が異なるということなのです。

同じ内容であっても表現を変えることで違って見える

たとえば、ガンの治療を行う際に手術（A）か放射線治療（B）のどちらを選択するか、投げかけたとします。

（A）術後1カ月の生存率は90％です。

（B）術後1カ月の死亡率は10％です。

それぞれの治療に対する生存率が上記の2択だった場合、多くの場合（A）を選択することが実験でわかっているのですが、実は2択とも同じ内容なのです。このようなバイアスが生じるのは**「損失回避」の傾向があることに起因している**からです。

フレーミング効果はなぜ起こる

　フレーミング効果はなぜ起こるのでしょうか。それは、**人の価値の感じ方には偏りがある**からだと言うことができます。

　つまり、以下のような心理傾向があるのです。

　利益が出ているとき▶確実性を好み、損失を避ける

　損失が出ているとき▶リスクを負ってでも利益を求める

　「利益」と「損失」のどちらを強調するかによって**損得を感じる基準が変化**するということです。

フレーミング効果をビジネスに応用するには

＜利益を強調した宣伝＞

A.購入者の90％がダイエットに成功！

B.購入者の10％がダイエットに失敗！

　上記の場合、利益を強調したAのほうを選びたくなりますよね。

＜損失を強調した宣伝＞

A.PC環境をサポートします！

B.放っておいたら大変！壊れる前にウイルスソフトを！

　上記の場合であればBのほうが訴求できるでしょう。このように、フレーミング効果はビジネスにおけるさまざまな場面でも活かすことができます。**利益と損失のどちらを強調したほうが宣伝として効果的か**を考え、適確に活用していきましょう。

ポイント

「1ヵ月」と「30日」、「90％」と「10％」など、効果を考えて数字や値を適確に扱うことで、フレーミング効果が発揮できる。

人は真ん中を選びがちな松竹梅の法則

両極端ではなく
真ん中を選んでしまう

- -

松竹梅の法則とは

　商品やサービスを購入する際、**3択あった場合に一番高価なものでもなく、かと言って一番安価なものでもなく、なぜかそのあいだのものを選んでしまう**という心理効果。これは「松竹梅の法則」が働いていて、**両極端を避け、無難な真ん中を選ぶことで失敗や後悔をしないようにするという心理**に基づいています。

　欧米では「ゴルディロックス効果」と呼ばれていて、英国童話である『ゴルディロックスと3匹のくま』が語源となっています。

選択肢は2つでも4つでもないのはなぜ

　「商品を購入する」となったとき、2択の場合、安いほうを選んでしまうというのが人の心理です。では選択肢が4択、あるいは4択以上あると、今度は頭を使って選ぶというストレスが発生してしまうため、「買わない」という選択が生まれてしまいます。それを踏まえると、**3択にすることで「どれかを選ぶ」という論点に切り替わる**ので、売り手側にとっては効果的なテクニックとなります。

松竹梅の法則をビジネスに活用するときのポイント

1 売りたい商品を「竹」に設定する

松竹梅の法則により、真ん中の商品が一番売れるので、最も売りたい商品を「竹」に設定します。

2 「竹」を選ばせるための価格設定をする

「竹」を売るための価格設定も重要になります。たとえば、うな重で考えてみましょう。

松 =4,500円　　竹 =3,000円　　梅 =2,500円

竹の価格より
1,500円高い

一番売りたい
商品

あと+500円で
1ランクアップできる

このように「梅」と「竹」を比較したときに、**最低価格のものに少し足すだけでいい品質のものが手に入ると感じさせる価格設定**にすることが大切です。また、最高価格の「松」は、なかなか手が出せない**高級感を持たせた価格設定にしておくことで「竹」の割引感を際立たせられます。**

> **ポイント**
> 松竹梅の法則をうまく利用することで買ってほしい商品を効果的に訴求でき、売上の向上が期待できる。

禁止されると逆に惹かれるカリギュラ効果

制限を設けることで
特別感を作り出す

- -

カリギュラ効果とは

「カリギュラ効果」とは、**禁止された行動や情報に対して、逆に興味や関心が高まってしまう心理現象**のことを言います。

たとえば「絶対に見ないでください」と言われれば、かえって気になってしまい、見たくなってしまうなど。昔話の「鶴の恩返し」は、まさにカリギュラ効果を表した物語です。

カリギュラ効果はなぜ起こるのか

人は基本、自分自身の行動を自由に決めたいと思うものですが、それに対して制限や禁止が加わると**「自由を奪われた」**とストレスを感じます。その**ストレスを解消する反射的な行動として抑制されていたことをしてしまいたくなる**という現象が起こるのです。

シロクマ効果との違い

「シロクマ効果」とは、自分自身は望んでいないのに、特定の事柄に対する関心や欲求が高まってしまうことを言います。カリギュラ効果は抑制されたことに対して新たに興味が芽生

えるため、元々その事柄に興味があるシロクマ効果とは異なります。

カリギュラ効果の活用例

カリギュラ効果は日常生活において役立たせることができます。

ダイエット

「食べてはダメ」とすると、カリギュラ効果が悪影響に働いて「食べたい」という欲求をかき立ててしまいますが、効果をうまく活かすなら**「昼は好きなものを食べてもいい」などのルールを設ける**ことで、ストレスを溜めずにダイエットに取り組むことが可能です。

カリギュラ効果をビジネスで活かす

特にマーケティングにおいて、カリギュラ効果を活用することができます。

ターゲットを限定させる

会員登録しないと見られないコンテンツなど、**ユーザーの利用を制限させることで特別感を高められ、会員登録や購買を促進**させます。

期間や数量を制限させる

「期間限定」や「数量限定」など購買自体に制限を設けることでユーザーの興味を惹くことができます。**「このチャンスを逃したくない」といった思いが強くなるというわけです。**

ポイント

カリギュラ効果を狙うことで関心を向かせたいものに対して興味を抱かせ、購入にもつなげやすい。

自己顕示欲によって 価値さえも作り出される

ウェブレン効果とは

「ウェブレン効果」とは、**実際の機能や内容よりも、その「価格が高い」というだけで、あたかもその消費価値が高いと思い込む**心理効果のことを言います。「**顕示的消費**」や「**見せびらかし消費**」とも呼ばれ、**高級品を所持していることを他者に自慢したいという自己顕示欲**が背景にあります。

ウェブレン効果の具体例

人は、**味ではなく、高い値段に引っ張られて、おいしいと感じます**。ワインなどは顕著で、たとえ同じワインであっても、値段が高いほうが断然おいしいと思ってしまうのです。

また、同じ内容のセミナーであっても、5,000円のセミナーよりも**3万円のセミナーのほうが満足度が高く、クレームも出ない**というもの。「**これだけお金を払ったんだから元を取るぞ**」と真剣になり、自然に満足度が上がるというわけです。

ビジネスシーンでのウェブレン効果

　ビジネスシーンでは主にマーケティングにおいてウェブレン効果が働きます。

バブル期の「シーマ現象」

　「シーマ現象」とは、バブル期に見られた事例で、1998年に日産自動車より発売された高級路線の普通自動車「シーマ」が、**高価格であるにも関わらず、異例なほどの売り上げを記録し、**話題になりました。**購入の理由の上位が「値段が高いから」**という回答で、まさにウェブレン効果がダイレクトに表れた購買行動だと言えるでしょう。

「インスタ映え」

　ウェブレン効果は**「見せびらかし消費」**とも呼ばれるとおり、他人に対して自慢したいという欲求が背景にありますが、**SNSはその欲求をかなえるツールとして定着した場**だと言えます。**「インスタ映え」はまさに自己顕示から生まれた言葉**であり、他者からの評価に価値を見出しているSNSのヘビーユーザーにはウェブレン効果が期待できます。

スノッブ効果との違いは

ウェブレン効果と似た効果に**「スノッブ効果」**があります。**容易に手に入るものではなく特別なものに購買欲求が高まる**点ではウェブレン効果と共通しますが、こちらは**「他人と違うものがほしい」**という購買心理によるものです。

ポイント -----------------------------------

「他人に対して自慢したい」という欲求をうまく利用することで、今後も多くのシチュエーションで活かせる。

第三者から伝えられた情報は信頼性を獲得できる

- -

ウィンザー効果とは

「ウィンザー効果」とは、ある事柄について**当事者から発信する情報よりも第三者を介して伝達された情報のほうが信頼性を獲得しやすい心理効果**のことを言います。

ウィンザー効果の名前の由来は、アーリーン・ロマノネス著の『伯爵夫人はスパイ』での登場人物であるウィンザー伯爵夫人から来ており、彼女が述べた「第三者の誉め言葉が何よりも効果的だわ」という発言がもとになっています。

ウィンザー効果のメカニズム

なぜ第三者からの情報は信頼を得やすいのかというと、**利害関係の有無**が影響していると考えられています。直接的に利害関係がない人が発した情報であれば信ぴょう性が高いと判断できるわけです。

自社のサービスを宣伝するときはどうしてもいい面ばかりを伝えようとするので、消費者はその情報を疑う傾向にあります。一方、企業と利害関係がなければ第三者には嘘をつくメリットがな

いため、嘘がない情報であると信頼されます。

ビジネスシーンでのウィンザー効果

　ウィンザー効果はマーケティング戦略での有用性が高いことを理由に注目を集めています。マーケティングに応用することで**自社サービスの信ぴょう性や好感度が向上し、消費者の意思決定にも影響をもたらす**のです。

口コミ	PR活動
ウィンザー効果を狙えるマーケティングとして口コミやレビューの活用が挙げられます。インターネットやSNSが発達したことで第三者による口コミやレビューは広く拡散されていて、匿名性が高いほど信ぴょう性も高まります。	プレスリリースなど、ニュースソースとして発信した情報をメディアに取り上げてもらう手法です。メディアが自主的に掲載するものなので、発信元には利益は発生せず、ウィンザー効果が働いて、信ぴょう性が高まりやすい方法です。
アンケート	モニター
アンケートやインタビューの実施も有効です。利害関係のない第三者の意見を集め、それを露出することで信ぴょう性や信頼性が向上します。	モニター募集も有効で、サービスの改善などに役立つ意見が集められるでしょう。

ポイント

マーケティングのほかにも人事分野など、ビジネスにおけるさまざまな場面で活用できる効果なので目標達成に役立つ。

多くの人がいいと言えば説得力が上がる

大多数の支持を味方にする
バンドワゴン効果

バンドワゴン効果とは

「バンドワゴン効果」とは、多くの人が支持している物事に対して、よりいっそう支持が高くなる現象のことを言います。

「バンドワゴン」とは、パレードの先頭を行く楽隊車を意味しています。楽隊車のあとを行列がついていく様子から、この心理現象を表す言葉が生まれました。

バンドワゴン効果のメカニズム

バンドワゴン効果は大衆心理を反映した現象で「大勢が支持しているのならいいものであるはず」と感じ、自分も支持したくなるのです。この背景には、「他者との同質化願望」が存在していて、みんなと同じものがほしい、同じことをしたいという心理が働くのです。

バンドワゴン効果の具体例

・**行列ができている店**は人気があると思い、並びたくなる

・「**当店で人気No. 1**のメロンパン」だから食べてみたい
・**今季トレンド**のワンピースだからほしくなる

選挙活動でもバンドワゴン効果が利用されている

　選挙活動においてもバンドワゴン効果が働いています。投票前に「**圧倒的支持率**」や「**最有力候補**」などの情報を多く発信した候補者は多数の支持を集める傾向にあります。

ビジネスにおけるバンドワゴン効果

　広告キャッチコピーなどのマーケティング戦略においてもバンドワゴン効果が多方面で活用されています。

広告などのキャッチコピー

　世の中からどれだけ支持されているのかを可視化させたキャッチコピーを用いることでバンドワゴン効果が期待できます。

<例>
・「累計10万人突破！」
・「お客様満足度No.1 ！」

SNSでの人気率、共感率

　SNSでもバンドワゴン効果が働いています。InstagramやXでの「いいね」がたくさん集まっている投稿には、より多くの「いいね」がさらに集まる傾向にあります。

ポイント

バンドワゴン効果を引き出すにはある程度戦略も必要。また嘘の誇張は信用を失うので、事実に沿うことが重要。

最初の情報提示により
あとのお得感を上手に伝える

アンカリング効果とは

　はじめに提示された情報を基準点（アンカー）とし、その後の情報を判断する心理現象を「アンカリング効果」と言います。認知バイアスが働き、**先に見た情報に引っ張られてしまう**のです。

アンカリング効果を活用したマーケティング

1 数字でお得感を感じさせる

　「**メーカー希望小売価格10,000円のところ、30％引きの7,000円で販売**」など、店頭価格を引き合いに割引価格を提示することで、店頭価格がアンカーとなり、**消費者にわかりやすくお得感を伝える**ことができます。

2 売り文句を使ったアンカリング効果

　また、「**高級品**」や「**限定品**」など、商品の位置づけを提示する情報もアンカーとなります。

ポイント

最初に提示する「通常価格」を高く設定しすぎるなどの盛りすぎは逆効果で、かえって不信感を煽ってしまうことがある。

接触頻度を上げて
好かれるザイオンス効果

ザイオンス効果とは

　特定の人物や物事に何度も繰り返し接触することで、好感度や評価が高まってくる心理傾向を「ザイオンス効果」と言います。「**単純接触効果**」とも呼ばれ、当初は感心がなかったとしても**接触する回数を重ねると、好印象を抱く**ようになる心の動きです。

ザイオンス効果を活用したマーケティング

　ザイオンス効果は恋愛などの対人関係で活かせるほか、ビジネスシーンでも活用できます。人との対面だけでなくメールの配信、web上での接触、SNSなどでも発揮されます。

　テレビCMの場合、一定期間に同じCMが**繰り返し視聴者の目に触れることで商品に対する認知や興味が向上**し、購買につながることが期待できます。**Web広告の場合は、**Web上で頻繁に広告を表示させ、好感度を高める手法です。

ポイント

ザイオンス効果による好意の上昇チャンスは無限に続くわけではない。最大10回と考えて見込みを判断する必要がある。

覚えておきたい広告心理学

□ アンダードッグ効果を利用して同情を誘う

□ 多くの情報から選んでもらうためには、具体性が大切

□ 特別感を演出して購買欲求を引き出す

□ イメージをうまく利用して、お得に感じさせる

□ ある事柄に引っ張られて評価が大きく変わることがある

□ あらかじめ選択肢を絞っておくと購買につながりやすい

□ 顧客の捉え方を見越して、的確な表現を使う

□ 選んでほしいものは3択の真ん中に置く

□ 制限を設けて関心を向かせ、購入へと動かせる

□ 自慢したいという欲求から、価格が高いと価値を感じる

□ 第三者の意見があると信頼してもらいやすい

□ 人気度や支持率を強調して、「自分もほしい」と思わせる

□ 情報を伝える順番を意識するとお得さをより演出できる

□ 接触する回数が多いと、好感度は高まりやすい

監修 山本 琢磨（やまもと たくま）

1978年生まれ、京都府出身。株式会社オレコン代表取締役社長。デジタルマーケター、グロースハッカー。Webデザイン、マイクロコピー、トラストフォーマットなど、WebページのA/Bテストやデータ分析に裏づけられた改善方法で、これまでに3278社以上の企業にコンサルティングを実施。2017年からは、国内初となるマイクロコピーのワークショップを開催。全国の経営者、通販ビジネス事業者を中心に、クライアント企業2364社以上でテストを実施し、自社においては国内外の1663を超える事例検証を行っている。その豊富なデータに裏打ちされたノウハウにより、15分程の改善で成約率50%改善、売上ベースで13倍にするなど、金額にして合計416.8億円以上の改善を行い、日本一と称されている。著書に『Webコピーライティングの新常識 ザ・マイクロコピー』（秀和システム）などがある。

■主要参考文献

『Webコピーライティングの新常識 ザ・マイクロコピー』（山本琢磨 著／秀和システム）、『見て、読んで、買ってもらえるコトバの作り方 セールスコピー大全』（大橋一慶 著／ぱる出版）、『SNS惹きつけライティング』（荒井あずさ 著／ぱる出版）、『コピーライティング技術大全 百年売れ続ける言葉の原則』（神田昌典 衣田順一 著／ダイヤモンド社）、『10倍売れるWebコピーライティング コンバージョン率平均4.92%を稼ぐランディングページの作り方』（バズ部 著／技術評論社）、『キャッチコピー力の基本』（川上徹也 著／日本実業出版社）、『1日1テーマ読むだけで身につくはじめてのWebライティング大全100』（芝田弘美 著／自由国民社）、『デジタル時代の実践スキル Webライティング 読者が離脱しない、共感&行動を呼ぶための最強メソッド』（佐々木ゴウ 著／翔泳社）

コピーライティング100の法則

2024年6月30日　初版第1刷発行

監　修——山本 琢磨　©2024　Takuma Yamamoto
発行者——張 士洛
発行所——日本能率協会マネジメントセンター
〒103-6009 東京都中央区日本橋2-7-1　東京日本橋タワー
TEL 03(6362)4339(編集)／03(6362)4558(販売)
FAX 03(3272)8127(編集・販売)
https://www.jmam.co.jp/

装丁————————冨澤 崇(EBranch)
編集————————細谷健次朗(株式会社G.B.)
執筆協力———吉川はるか、原野成子、海老原一哉、
　　　　　　　幕田けい太、阿部 静
本文デザイン——深澤祐樹(Q.design)
DTP————————G.B.Design House
印刷————————広研印刷株式会社
製本————————東京美術紙工協業組合

ISBN 978-4-8005-9228-6 C2034
落丁・乱丁はおとりかえします。
PRINTED IN JAPAN